De qué te ríes

Salto de fondo

Daniel Gamper

De qué te ríes

Beneficios y estragos
de la broma

herder

Diseño de la cubierta: Toni Cabré

© *2023, Daniel Gamper*
© *2024, Herder Editorial, S.L., Barcelona*

ISBN: 978-84-254-4924-6

Imprenta: Liberdúplex
Depósito legal: B-247-2024

Impreso en España - Printed in Spain

herder

ÍNDICE

A Laura

TRIPLE INTROITO

UNA GRACIA Y UN CUCHILLO

*Vale gracia y buen parecer en lo que se dice o hace, porque aire lo
mesmo es que gracia y espíritu, prontitud, viveza. Decir donaires,
decir gracias: pero si son perjudiciales acarrean algunas veces
desgracias, por do tuvo origen el dicho común: «Andaos a decir
gracias», de uno que por mostrarse gracioso dijo en lugar de gracia
una lástima, y lastimáronle con darle una cuchillada por la cara.*

Sebastián de Covarrubias, voz «Donaire»,
Tesoro de la lengua castellana o española

Antes de partir hacia París para ponerse a las órdenes
del señor de Treville, el joven D'Artagnan recibe un
consejo de su padre:

> Buscad las aventuras. Os he hecho aprender a mane-
> jar la espada, tenéis un jarrete de hierro, un puño de
> acero; batíos por cualquier motivo; batíos tanto más
> cuanto que están prohibidos los duelos, y por consi-
> guiente hay dos veces valor al batirse.[1]

El aprendiz de espadachín lía sus bártulos dispuesto a
ofenderse y a desafiar en duelo a quien sea «por cualquier motivo».

Con semejante vademécum, D'Artagnan se encontró, moral y físicamente, copia exacta del héroe de Cervantes. [...] Don Quijote tomaba los molinos de viento por gigantes y los carneros por ejércitos: D'Artagnan tomó cada sonrisa por un insulto y cada mirada por una provocación.

Pocas páginas después, D'Artagnan cumple su objetivo. Aprovecha que el conde de Rochefort se burla de su montura y se apresta a desenvainar. Pero el noble no se bate con paletos y manda a sus mozos para que muelan los huesos del inexperto caballero andante. A D'Artagnan la hilaridad ajena lo pone en guardia, es un agelasta violento cuyo amor propio declina ante las risas ajenas.

La modernidad proscribe el duelo como medio para resolver conflictos. Los códigos de honor siguen existiendo en forma atenuada y si alguien se lía a bofetadas para defender su honor, se pone fuera de la ley. La frustración de no reaccionar por propia mano y espada ante una afrenta es compensada por la estabilidad social que prometen las leyes. Solo el Estado puede ejercer violencia y la gente debe aprender a convivir con risas burlonas y ofensivas.

El mundo perdido de caballeros dispuestos a jugarse la vida para defender su dignidad es terreno fértil para la imaginación. Desaparecida la esperanza de llevar una vida heroica, queda el consuelo de disfrutar recordándola en su destilación novelesca. La distancia temporal que la narración trata de salvar se convierte en distancia cómica: el aguerrido D'Artagnan inicia sus andaduras haciendo el ridículo. Los que nacen después son más listos y se ríen de unos personajes a los que también admiran, héroes cómicos solo posibles en la fantasía. La alevosía de D'Artagnan y de los fabulosos caballeros de antaño es divertida y ofrece tramas estupendas, usadas por la cultura pop en las historietas ilustradas para niños y adultos.[2]

Un siglo más tarde triunfará otra novela histórica, la de Asterix, el galo. En la portada del primer volumen de la serie, se ve a un agilísimo Asterix propinando un tremendo puñetazo a dos romanos aparejados con escudos y lanzas ante la mirada indiferente de Obelix, que pasea en segundo plano con un menhir a cuestas. Goscinny y Uderzo, creadores de la exitosa serie, logran que los lectores, niños y adultos, tomen esa imagen a broma. Los personajes son caricaturas divertidas que no hacen nada en serio, ni siquiera zurrarse con los romanos o entre sí. A pesar de que la acción representada es indudablemente incivil, ese no es motivo para prohibirla o impedir que la vean los menores. En primer lugar, porque los galos se resisten al imperio, como querían los estándares europeos de decencia y justicia en la segunda mitad del siglo XX. Luego, porque es una brusquedad que ni hiere ni duele; no es violencia, es literatura.

Los códigos de honor son ahora objeto de broma. Quien se siente insultado u ofendido, debe acostumbrarse al daño, transformarlo en mera incomodidad. Está más tutelado quien hace la broma ofensiva, quien insulta subrepticiamente con chistes y caricaturas, que quien es el objeto de estos usos agresivos de la risa.

Esta disparidad obedece a que las heridas de las palabras injuriosas son inapreciables comparadas con las que ejercen las armas. Además, no se puede excluir que una bromita insultante inicie un debate socialmente útil, mientras que quien acuchilla o ametralla no quiere debatir; más aún, destruye la posibilidad de la palabra.

Europa tutela la risa y a los cómicos y viñetistas; casi no hay límites a lo que se puede decir. Así se pueden interpretar —a juzgar por su lema: *Je suis Charlie*— las congregaciones masivas en Francia tras los atentados en la redacción de la revista satírica. Coco, una de las pocas supervivientes, narra este terrible episodio en una novela ilustrada que titula *Seguir dibujando*.[3] Tras los brutales actos terroristas, la opinión pública se arremolinó en torno a este derecho a *seguir dibujando* cualquier cosa y también viñetas de mal gusto, escarnecedoras y tirando a obscenas. Los caricaturistas transgresores juegan al gato y al ratón con los tan gastados «límites del humor» y deben poder seguir haciéndolo, pues reconocer la libertad de expresión como derecho fundamental significa reconocer que los límites de lo que se puede decir están ellos mismos sujetos a discusión: se puede conversar sobre la pertinencia de decir o no decir algo, pero nadie puede intimidar, amenazar o asesinar para impedir que se ventilen asuntos controvertidos, se ría indecorosamente de cosas desagradables o se cuestione la oportunidad de hacerlo. Las risas ofensivas pueden seguir circulando y resonando. Incluso más: deben hacerlo con una intensidad directamente proporcional a la amenaza que pesa sobre sus autores.

¿Son violentas las viñetas? ¿Son provocaciones gratuitas? ¿Habría que prohibirlas? ¿Y qué decir de las risas que las acompañan? «¡Usted ríe mal!». Algo así debió pasar por la cabeza de Jorge Bergoglio en el avión que lo llevaba a Manila, en enero de 2015, antes de responder a la pregunta de un periodista francés sobre los límites de la libertad de expresión:

> Tenemos la obligación de hablar abiertamente: tener esta libertad, pero sin ofender. Porque es verdad que no se puede reaccionar violentamente, pero, si el Dr. Gasbarri, gran amigo, ofende a mi madre, se lleva un puñetazo. Es normal. Es normal.[4]

El papa Francisco dice que hay que hablar abiertamente, sin esconder la realidad, sin que nadie lo impida, pero sin ofender. Lo segundo niega lo primero, o acaso pone límites a cuán abierta debe ser la obligación de hablar en general y de hablar específicamente sobre la libertad de expresión. A continuación, precisa dónde están esos límites: en la violencia que ejerce el ofendido. En este caso, el Santo Padre por madre interpuesta, que no dudará en atizar al Dr. Gasbarri por muy buen amigo suyo que sea. El imperativo de poner la otra mejilla no obliga a tolerar abusos ni insultos. Cuatro días más tarde, mientras sobrevolaban China, Bergoglio quiso matizar lo dicho, dejando de nuevo claro que las palabras —y las risas— pueden dañar y que ese daño, a su vez, puede provocar reacciones violentas porque los humanos somos así. Para evitar esta escalada, conviene usar prudentemente la libertad de expresarse.[5]

Pero, suele preguntarse, ¿dónde ponemos el límite de la expresión pública legítima? Más peliaguda es la cuestión cuando hay risas de por medio. ¿Es posible reírse de todo? ¿Cómo serían una broma y una risa prudentes? El tan traído debate sobre los límites del humor es revelador de dos rasgos esenciales de la risa. El primero es que hay asuntos de los que no se puede reír y que precisamente por eso hacen reír. El humorista vive en fricción con el límite. Sin él, el humor pierde tracción, debe ponerlo a prueba, superarlo, conversar con él. El segundo es que la risa —en especial la que se emite en público— casi nunca es inocua: si se habla tanto de los límites es porque, en ocasiones, riendo se puede dañar. En palabras de Elias Canetti, la risa es el símbolo de un mordisco, y la carcajada una expresión de alegría ante la presa que se está a punto de atrapar.[6] Andrés Barba lo dice de modo aún más contundente: «Cada vez que una persona abre la boca para reír está devorando a otra persona».[7]

El daño que puede causar una risotada no es identificable de antemano. Su potencial pernicioso se debe a que es lenguaje y, como el lenguaje, puede insultar, alejar, excluir, discriminar, y todo lo contrario. Pero quien se gana una bofetada por un chiste mal encajado no es el causante de la bofetada: por muy violenta que sea una broma, hay siempre desproporción entre el cachete o el machete y la burla. La gracia y el cuchillo son correlativos; no son causa y efecto.

Chistes, caricaturas y risas sirven ejemplarmente para acentuar antagonismos, son armas óptimas en las guerras culturales. La normalización de las caricaturas y las viñetas en la comunicación permite servir menús de risas de forma masiva. Este es el ecosistema en el que se manifiesta el fenómeno de la libertad de expresión, que a continuación se descompone en escenas dispares para incrementar así la complejidad de su percepción pública.

NOTAS

1   Las citas son del magistral primer capítulo de *Los tres mosqueteros,* de Alexandre Dumas, en la traducción de Mauro Armiño (Madrid, Alianza, 2022).

2   En la actualidad, el ritual del duelo con el que se solventaban las afrentas al honor en Europa hasta bien entrado el siglo XIX «es más probable que haga pensar en Bugs Bunny que en "hombres de honor"». S. Pinker, *Los ángeles que llevamos dentro,* Barcelona, Paidós, 2012, p. 56.

3   Coco, *Seguir dibujando,* Barcelona, Bang Ediciones, 2022.

4   *Encuentro del Santo Padre con los periodistas durante el vuelo hacia Manila,* 15 de enero de 2015.

5   *Conferencia de prensa del Santo Padre durante el vuelo de Manila a Roma,* 19 de enero de 2015.

6   Véase el capítulo sobre la psicología del comer en E. Canetti, *Masa y poder,* Barcelona, Muchnik, 1981.

7   A. Barba, *La risa caníbal. Humor, pensamiento cínico y poder,* Barcelona, Alpha Decay, 2021, p. 11.

Quien pregunta «¿de qué te ríes?» no suele esperar respuesta. Quiere que alguien deje de reír. Oímos esta frase en las películas; los fines de semana alguien con ganas de gresca la dice en cualquier discoteca; padres impotentes la gritan a sus hijos. Es una pregunta que funciona como amenaza, advertencia o llamada de atención. Por tanto, no es una pregunta, es más bien el preludio de un sopapo, o de la retirada del receptor de la broma, amedrentado por la coreografía corporal que subraya lo retórico de la pregunta: hinchazón de los músculos, respiración más profunda, ligero temblor del cuerpo, barbilla levantada. Hay alguien que no quiere que se rían de él delante de sus narices. O puede que uno con la autoestima baja tome la risa de otro como excusa para hacerse valer con el cuerpo, repitiendo un ancestral alarde de agresividad entre machos. Se presupone, pues, que la risa tiene una función comunicativa o que se puede interpretar como si la tuviera, como si con ella se menospreciara, excluyera e insultara a quien no ríe porque es el involuntario objeto ridiculizado. Entre la gracia y el cuchillo hay una desmesura que, sin embargo, no cuesta salvar.

Para que se dé esta frase en un contexto que la convierta en falsa pregunta, advertencia o admonición se necesitan por lo menos dos agentes y una risa o sonrisa. Uno de los agentes ve en la risa del otro un insulto, una provocación, un gesto de superioridad, algo inapropiado, una impertinencia, un reto; o quizá pretexta que la risa obviamente inocente, y que sabe que es inocente, oculta un insulto para así demostrar que de él no se ríe nadie. Se necesita, por lo tanto, alguien que no tiene sentido del humor (cosa rara) o bien que no encuentra gracioso, sino insultante, lo que se dice. El insulto, la provocación, la ofensa o la sensación de ser humillado o menospreciado no siempre son objetivamente tales. Solo tenemos acceso al enojo, real o teatral, de quien negocia una reparación con la falsa pregunta.

Se requiere también un agente que ría o sonría. El motivo de esta risa puede ser o no lo que el emisor de la falsa pregunta dice o pretexta que es. Muchas veces la risa es tan falsa como la pregunta. Se ríe sin espontaneidad para subrayar la pertenencia al grupo y desdeñar a los otros.

> Los que se desvían de la norma del grupo al principio son objeto de burla y risas. Este tipo de risa puede ser una forma filogenéticamente antigua de acoso. Los sonidos rítmicos son reminiscencias de los sonidos de amenaza y persecución de los primates inferiores, y los dientes que se muestran derivarían de una intención de morder. Esto no contradice el hecho de que la risa también vincula. Pero solo a los que ríen juntos; la persona objeto de la risa no suele reír con los otros y percibe la risa como un acto agresivo.[1]

Puesto que la risa puede operar en entornos sociales acentuando antagonismos, a veces es necesario disimularla, como hacen las damas que le ciñen la espada a Don Quijote, «con mucha desenvoltura y discreción, porque no fue menester poca para no reventar de risa». La reprimen porque «las proezas que ya habían visto del novel les tenían la risa a raya» (DQ, I, III). Don Quijote ríe poco o nada, como Cristo, y no se toma a la ligera las burlas. Su cometido, como caballero andante, de «defender las doncellas, amparar las viudas y socorrer a los huérfanos y menesterosos» (DQ, I, XI) es solemne, radical, insobornable. En fin, quijotesco. Es precisamente su seriedad la que provoca que los otros se mofen de él y corta las risas de las mujeres que lo ayudan a vestirse; la seriedad de quien reprende con violencia.

Esta risa escamoteada facilita el intercambio social. Desde muy pequeños aprendemos a encubrir la risa inadecuada, por ejemplo, cuando se rompe una cosa de valor, se cae un amigo o la maestra lanza una mirada reprobadora. El disimulo moral responde a exigencias de civilidad, a la adaptación del comportamiento a las circunstancias: no se ríe en los funerales ni cuando alguien se cae ni en los actos solemnes, etc. No se ríe cuando se tienen ganas de reír, cuando la carcajada pugna por manifestarse en contra de la voluntad de uno. Las condiciones desfavorables para el libre despliegue de las carcajadas son precisamente las que las originan.

Otra forma de disimulo moral obedece a la sospecha de que nuestra risa o sonrisa puede herir a alguien y queremos evitarlo. Esta abstención es, digamos así, caritativa (no reír para no herir) o constreñida (no reír para no ser agredido por quien se ha sentido herido). El primer motivo es ético y el segundo, prudencial; el primero es fruto de una decisión libre, el segundo es la obligación que le debemos al que nos apunta con un arma «porque en última instancia la pistola que tiene también es un poder», como escribe Rousseau en el primer libro de *El contrato social*. En ambos casos, el disimulo de la risa es un aprendizaje necesario para vivir pacíficamente en sociedad.

Pareciera que cuando unos ríen otros no ríen, como si fuera un bien que solo pudiera ser disfrutado de manera exclusiva: el sujeto y el objeto de la risa no pueden compartirla, ella es el medio en el que se da su relación antagónica. Hay, claro está, usos amigables de la risa, pero desde una perspectiva moral y política, salta a la vista su poder para excluir, señalar y menospreciar. «La risa se desprende a costa de helarle a alguien la sangre».[2] La no universalizabilidad de esta risa nos hace pensar si tal vez no *debería* ser.

Aunque la risa no se deja esclavizar por la moral, a veces solo podemos convivir amistosamente con quien no ríe de chistes malos. Un chiste puede ser malo en dos sentidos: que no funcione o que sea éticamente deplorable. En este segundo caso, el motivo por el que la chirigota sería moral o éticamente rechazable y condenable puede ser la situación de superioridad que adopta quien lo cuenta. La cosa se complica cuando preguntamos si es éticamente reprobable reír de un chiste éticamente reprobable. En el caso de que así fuera, deberíamos tratar la risa como un acto intencional del que el agente tiene que responsabilizarse. Riendo se aprueban las bromas de mal gusto sobre la inclinación sexual, la raza o la nacionalidad de alguien, y se acepta que las risas se acumulen hasta resultar efectivamente discriminadoras de aquellos que son su objeto. Quién sabe si el ascenso del fascismo es paralelo a la recurrencia de chistes racistas o machistas. Vemos al fascista reír y, por si acaso, decidimos no secundarlo. Puede pasar, sin embargo, que alguien de buena conciencia cace al vuelo un chiste de mal gusto y se le escape una risa o una sonrisa de la que después se arrepienta. En este caso la risa es como un pedo que se sustrae al control del esfínter, motivo este, el del cuesco, causante a su vez de numerosas risas, como si uno riera de que se le ha escapado la risa.

El rigorismo moral aplicado a la risa diría: ríe solo si tratas a la persona que es objeto de hilaridad como fin y no como medio. No se puede instrumentalizar al otro para provocar la hilaridad. O también: ríe solo si la persona que es objeto de la risa también puede reír. Obviamente, semejantes fórmulas destruyen la risa que quieren regular, pues hay siempre algo indomable en ella, algo que no se deja desbravar por la moral a la que la risa está a su vez reaccionando. Quien emite solo risas éticas es ridículo. Ni la rigidez ni la pesadez ni la regla son amigas de la risa. El nihilista dice que la sonrisa del ángel es un homenaje de la risa a la moral. No hay que buscar tan arriba. Basta ver la sonrisa de quien ayuda a otro y de quien recibe la ayuda. Lo que en ese caso sonríe es la relación.

NOTAS

1   I. Eibl-Eibesfeldt, *Human Ethology*, Londres, Routledge, 1989, p. 315.

2   G. Torné, *La cultura de la cancelación y sus enemigos*, Barcelona, Anagrama, 2022, p. 27.

FENOMENOLOGÍA DE
LA LIBERTAD DE EXPRESIÓN

Es habitual oír que la libertad de expresión no goza de buena salud. Esta queja no se dirige solo a los países en los que la libertad está en efecto amenazada, donde se la reconoce formalmente solo para cumplir con la retórica de la diplomacia internacional. Esta libertad está achacosa también en las democracias con constituciones de tradición liberal. La denuncia de que una libertad está siendo reprimida es una manera de ejercer esta misma libertad. Si se da por descontada, entonces es razonable suponer que su ejercicio está controlado y canalizado para no molestar.

Las intimidaciones a la libertad de expresión son muy diversas: desde el veto de los asesinos, con el que Timothy Garton Ash se refiere a los terroristas y a la mafia, hasta la, así llamada, «cultura de la cancelación», pasando por la represión de los gobiernos totalitarios, el monopolio privado de las plataformas digitales, el fundamentalismo religioso o la segmentación de los medios de comunicación.[1] No todo son reclamaciones de una mayor libertad de expresión: algunos movimientos culturales advierten de que la completa libertad de decir lo que a uno «le da la gana» se traduce habitualmente en microagresiones, en discriminaciones o en la consolidación de estereotipos culturales, raciales o religiosos que dificultan la cohesión social.[2] El giro lingüístico en la filosofía se reproduce en la cultura popular: se ha tomado conciencia colectivamente de que las palabras pueden dañar en la medida en que contribuyen a configurar la realidad. De esto se siguen modos de hablar que persiguen el cuidado recíproco, que pueden facilitar el encuentro entre personas partiendo del reconocimiento mutuo de vulnerabilidades e interdependencias. Tanto énfasis en la lengua tiene algo teatral, vano incluso, si no fuera porque algunos cambios solo se realizan si van acompañados de nuevas formas de hablar, que, *no cal dir-ho*, no son causa suficiente de esos cambios.

En los últimos diez años se han sucedido varios manifiestos de personajes públicos anglosajones que reclaman mayor libertad para expresarse en público y exigen que el debate social no se pacifique en nombre de daños potenciales; recuerdan, en definitiva, que hablar de todo es un principio casi se diría que sacrosanto de las sociedades liberales.[3] En el marco de una guerra cultural, la afirmación o negación de cuya existencia es ya una forma de conducir esta misma guerra, los manifiestos denuncian que las así llamadas «corrección política» *(political correctness)* y «cultura de la cancelación» *(cancel culture)* han instilado miedo a hablar libremente en público.[4] Este miedo se expresa también en frases como «ya no se puede decir nada», o «hay que morderse la lengua».[5] Con ello se quiere subrayar la debilitación de la discusión pública por temor de los hablantes a ser criticados de maneras exageradas, a ser «cancelados», objeto de ostracismo social, públicamente avergonzados y masivamente insultados en las redes.

Los filósofos no son policías. No les corresponde decidir qué comportamientos son adecuados o proporcionados, ni mucho menos señalar lo que se puede legítimamente decir, o quién debería ir a la cárcel por haber dicho según qué. Sócrates fue obligado a suicidarse por hablar de más. La propia filosofía no respeta ningún límite y si en nuestras sociedades está protegida por la libertad de expresión es porque dice cosas inconvenientes, incómodas, insultantes incluso, y en todo caso, contraintuitivas. Los que coquetean con el poder, tomando al pie de la letra la extravagancia platónica del rey-filósofo, dejan de ser filósofos en el momento en que firman una condena de muerte o cuando determinan los límites más allá de los cuales hay que multar a los ciudadanos díscolos.

En las siguientes páginas, pues, no se aboga por una limitación de la libertad de expresión. Se propone más bien una manera de entenderla que ilumine la complejidad del fenómeno, algo así como una fenomenología de la libertad de expresión. El fenómeno se manifiesta cuando se da un debate sobre los términos del debate, cuando se discute públicamente sobre la libertad de discutir públicamente. Podemos muy bien hacer nuestras las palabras de John Milton en su panfleto a favor de la libertad de prensa:

> ha llegado la hora de hablar y escribir […] de todo aquello que pueda ayudar a *discutir mejor* lo que está en disputa.[6]

La libertad como fenómeno se da cuando se discute, no sobre un asunto concreto, ni sobre la oportunidad de adoptar una determinada política, sino sobre la forma misma del debate, la pertinencia de que determinadas personas participen en el debate público, la necesidad de que las silenciadas hablen y alguien las escuche respetuosamente. Esta manera de hablar sobre cómo, dónde y quién debe hablar es una forma indirecta de tratar el tema sobre el que se debería estar hablando. Dado que la libertad de expresión se suele enmarcar en contextos democráticos, es lógico que gran parte de las discusiones a propósito de ella sean sobre cuestiones de procedimiento y participación.

Una fenomenología de la libertad de expresión observa cómo se escenifica esta libertad, a qué juegos de poder obedece, cuándo está justificado el uso inmoderado de la palabra, quiénes suelen quedar siempre excluidos, etc. Me centro aquí en el desplazamiento de este fenómeno hacia expresiones no verbales como las caricaturas, concebidas con estrategias más propias de las vanguardias artísticas que de los activismos políticos (en el supuesto de que semejante distinción sea aún operativa). Esta progresiva estetización de la libertad de expresión ha desplazado el foco de atención público hacia fenómenos que antes residían en los márgenes, y que han encontrado en los modos contemporáneos de comunicación un hábitat óptimo para multiplicarse.

Un dibujo o una broma son expresiones, así como también lo son las reacciones de indignación o hilaridad que provocan. ¿Es posible aprender algo riendo colectivamente? ¿La provocación artística nos hace más sabios? ¿Más tolerantes? ¿Más indulgentes? ¿Cuál es la reacción proporcionada a una broma de mal gusto? ¿Tenemos la obligación de tolerar que nos ofendan riendo?

NOTAS

1   T. Garton Ash, *Free Speech. Ten Principles for a Connected World*, New Haven, Yale University Press, 2016.

2   Cf., por ejemplo, Derald Wing Sue, *Microaggressions in Everyday Life. Race, Gender, and Sexual Orientation,* Hoboken, John Wiley & Sons, 2010.

3   El manifiesto con mayor repercusión fue el que se publicó en *Harper's Magazine* firmado por Martin Amis, Margaret Atwood, Noam Chomsky, Salman Rushdie, y muchos otros: «A Letter on Justice and Open Debate», 7 de julio de 2020.

4   Como decía un editorial ampliamente difundido, «América tiene un problema de libertad de expresión»: «America Has a Free Speech Problem», *The New York Times*, 18 de marzo de 2022. El uso aquí del término *cancel culture* no presupone que exista en efecto un estado de cosas en el mundo designado por él.

5   Un libro italiano, recopilación de posiciones muy ponderadas, lleva este título con un explícito signo interrogativo *Non si può più dire niente? 14 punti di vista sul politicamente corretto e cancel culture* (Milán, Utet, 2022).

6   J. Milton, *Areopagítica,* Madrid, Tecnos, 2011, p. 175. Énfasis añadido. Cito sin modificarla esta traducción de Joan Curbet.

UNO

Pensar hoy desde Europa la libertad de expresión es pensar su historia e incierto futuro. Más aún, Europa misma es la reflexión sobre las libertades fundamentales, cómo protegerlas y garantizar su permanencia. Las libertades existen en la medida en que se ejercen. Así hablaba Benedetto Croce en su *Historia de Europa en el siglo XIX*, escrita en 1931 y publicada un año más tarde.[1] Poco antes de acometer la redacción del libro, departió en el Congreso Internacional de Filosofía en Oxford sobre la «decadencia del ideal liberal» causada por el desprecio de la historia, el olvido voluntario y explícito del pasado reciente y lejano. En el texto se profetiza la guerra por venir, una guerra de la barbarie antihistórica, antiliberal, antieuropea. Son tiempos en los que

> se ha dado un amplio ejemplo de practicar lo verdadero presentándolo según los intereses como falso, y lo falso presentándolo como verdadero; y se ha promovido la credulidad de todas las tonterías que se ha creído útil poner en circulación.[2]

Los que quieren deshacerse de la historia y con ella también de Europa son coherentes, afirma Croce, pero se trata de «esa coherencia que se admira también en los locos que razonan».[3]

El memorable primer capítulo de la *Historia de Europa en el siglo XIX* lleva por título «La religión de la libertad». A pesar de su lejanía intelectual con la fe y con el catolicismo, para Croce el compromiso de Europa con la libertad es religioso: es un ideal descriptivo y prescriptivo, un impulso hacia la acción propio de las ideas políticas más pugnaces, una acción que significa combate, lucha, la sanación de un continente enfermo.

El liberalismo, toda vez que se consolida en regímenes constitucionales, puede agarrotarse y pierde vivacidad su impulso religioso. Cuando se despliega en oposición o contraste con fuerzas enemigas de la libertad, puede auparse al entusiasmo de los conversos, usar la energía de quien ve en el ideal un vehículo para articular un movimiento colectivo. Pero si no hay adversario, el liberalismo carece de tracción y su supervivencia depende de un entramado institucional que intente mantenerlo en vigor hasta que se reavive el entusiasmo por una libertad merecedora de tal nombre.[4]

Europa es la reflexión sobre su historia; el presente europeo es también su cambiante pasado que se pone al servicio de finalidades arbitrarias y se falsifica, porque los testimonios son contradictorios, los documentos se alteran, y lo que ha sido ya no es, salvo que lo evoquemos de nuevo. La actual discusión en Occidente sobre el destino de los monumentos es sintomática de una relación equívoca con el pasado. La mala conciencia europea poscolonial impone un pensamiento crítico respecto del presente, casi una expiación de culpas heredadas cuyos responsables se han extinguido.

Durante la segunda mitad del siglo xx hubo motivos para reír, para alegrarse de haber dejado atrás un pasado de destrucción. Sonrisas que acompañaban a los tanques del ejército aliado por las calles de ciudades italianas y alemanas, a los soldados triunfantes de regreso a Estados Unidos, sonrisas y risas de vencedores y de liberados. Risas que pautaban el fin de la guerra y que se afianzaron en el periodo de paz, cuando la industria cultural —emitiendo desde las nuevas lumbres del hogar: la radio y la televisión— urdió una red de carcajadas para unir a los pueblos. Eran las risas de la libertad, risas igualitarias tras la domesticación democrática del poder a rebufo del crecimiento de la posguerra.

La cultura de los derechos se inaugura pomposamente contra los genocidios que son también *gelocidios* (aniquilación masiva de la risa). Este paréntesis de derechos proclamados (y, vale decir, no siempre defendidos, ni igualitarios, ni efectivos) incluye también el derecho de cada cual a reírse de lo que le venga en gana. Lo que Norberto Bobbio llamó «era de los derechos» pivota sobre la tolerancia: la coexistencia pacífica de formas de vida inconmensurables entre sí. Que cada cual ría de lo suyo. «El humor puede proporcionarnos una imagen utópica de un porvenir pacífico».[5]

De la risa tolerante podría surgir otra, utópica: una ciudad cuyos ciudadanos ríen unos de otros sin que eso rompa la paz, porque la risa del otro, incluso cuando es burlesca o insultante, no pone a nadie en peligro. Nadie siente que su posición social será perjudicada o su reputación irremediablemente menoscabada. En definitiva, nadie puede ser gravemente ofendido, pues el suelo que todos pisan no se agrieta y el techo que a todos cubre no se puede desplomar. Ese sería un magnífico lugar en el que vivir, tan inquietantemente perfecto que tal vez se olvidaría que la libertad no sirve solo para reír, también para contener la risa. Igual que la gente cuando sale de noche se organiza para que quien conduzca no beba, habrá que designar a algún amigo para que no ría y recuerde a los que tan bien dicen pasársela que las bromitas cansan. Un aguafiestas que haga memoria del horror del que procedemos. Hoy esto es solo un chiste. Basta pensar en su avinagrada expresión para que le vengan a uno ganas de reír.

NOTAS

1   B. Croce, *Storia d'Europa nel secolo decimonono,* Milán, Adelphi, 1991. Cf. D. Gamper, «Quale religione della libertà per il ventunesimo secolo?», en G. Genovese y N. Ruggiero (eds.), *«Ma un giorno a me riesca la santa cosa...» La letteratura come maestra. Atti del Convegno di studi in onore di Emma Giammattei,* Nápoles, Università Suor Orsola Benincasa, 2021, pp. 169-192.

2   B. Croce, «Antistoricismo», *La Critica* 28, 1930, p. 407. Se encuentra también en *Proceedings of the Seventh International Congress of Philosophy,* 1931, pp. 78-86.

3   *Ibid.,* p. 408. Véase también la magnífica reconstrucción del mapa intelectual europeo de entreguerras realizado por

Emma Giammattei, «Croce, Oxford 1930», en *I dintorni di Croce. Tra figure e corrispondenze,* Nápoles, Guida, 2009.

4   En una carta de abril de 1947 dirigida a Aldous Huxley que lo había invitado a participar en la redacción de la Declaración Universal de los Derechos Humanos, Croce se opone a la fijación de libertades y derechos en declaraciones definitivas, porque «la libertad rechaza toda solución» (B. Croce, «Una istituzione sbagliata», *Quaderni della «Critica» Diretti da B. Croce* 17-18 [1950], p. 185).

5   T. Eagleton, *Humor,* Barcelona, Penguin Random House, 2021, p. 159.

REÍR EN HORIZONTAL

Adorno y Horkheimer sentencian que «la risa [...] acompaña siempre al momento en que se desvanece un miedo».[1] Tras la Segunda Guerra Mundial, Europa renace con la promesa de domesticar la violencia y desterrar el miedo. Muerto Dios, queda solo el temor a los hombres. Atenuado este, la risa horizontal se extiende. Una gran capa media puede prever su vida a largo plazo y nada impide que fructifique una risa cotidiana, signo de la ligereza que hallan hombres y mujeres cuando no se enfrentan solos a los imprevistos de la existencia y sus días no son una tregua antes de tiempos peores.

La serie Asterix es paradigmática de la masificación de la risa en Europa durante la segunda mitad del siglo XX. Los galos de la irreductible aldea tampoco tienen miedo de nada porque, cual superhéroes, disponen de un arma definitiva, la poción mágica que funge de red de seguridad y deja a los ciudadanos con la única preocupación de perseguir sus intereses privados y comerciales, sus estilos de vida, y buscar de vez en cuando el entretenimiento violento con los romanos. Entre pelea y pelea, en la aldea reina la posibilidad de un humor libre e igualitario, que la serie a su vez aplica a los estereotipos nacionales de franceses, italianos, lusitanos, españoles y otros tantos, causando una risa paneuropea, un programa Erasmus del humor, que reduce las distancias entre los nacionales de cada país mientras acentúa las pequeñas diferencias, logrando que cada quien (bretones, corsos, suizos, etc.) se ría de sí mismo.[2] Piénsese que desde el primer número, *Asterix, el galo,* de 1959, se han vendido más de 300 millones de libros de la serie en todo el mundo.

Ríen los galos y ríen los europeos cuando solo queda el miedo de que les caiga el cielo sobre la cabeza, como se teme Abraracurcix, jefe de la aldea y bromista de tiempos secularizados. También ríe Panoramix, el druida que hace las veces de sereno gurú, sabio y brujo desapegado de la tierra (no se le ve comer) pero apegado a la aldea y sus habitantes, siempre pronto a ofrecer sus artes para buenas causas defensivas. Estos galos esencialmente paganos («¡Por Tutatis!») se parecen a los franceses que, según el diagnóstico de Emmanuel Todd, se hallan sin horizonte de sentido, sin trascendencia, sin Dios, sin lo sagrado, sin algo de lo que no se pueda reír. Ateos angustiados en situación de riesgo metafísico, así define el sociólogo francés el estado espiritual de los franceses y, en cierto modo también, de los europeos, la excepción hipersecularizada en un mundo aún religioso.[3] El cacique del pueblo solo tiene miedo de que le caiga el cielo sobre la cabeza: teme e inconscientemente desea la súbita revelación de la falsedad de su paganismo. La profecía de que algún día la trascendencia se desplomará sobre la aldea es aún otra broma de la era secular y sus creencias de quita y pon.

La aldea que Goscinny y Uderzo construyeron para hacer reír a los lectores tiene una organización antielitista, horizontal. A pesar de que no dispone de mecanismos democráticos, su estructura es antiautoritaria. Circulan libremente las pullas entre los aldeanos que solo se toman en serio a sí mismos como una excusa para meterse en algún fregado que acaba siempre en jarana al calor del fuego.[4] Signo de eso son los problemas de verticalidad del jefe cuya autoridad no es nunca del todo respetada por los porteadores del escudo sobre el que aparece en público. El jefe es defenestrado del trono en cada capítulo, como decía Lefort de la democracia, caracterizada por «la incapacidad estructural de quienes ejercen la autoridad pública para encontrar un punto de anclaje definitivo».[5] Los galos se desempeñan en una ligera horizontalidad contrapuesta al torpe totalitarismo de los romanos. Estos conspiran entre sí, mientras que en la aldea las ambiciones son moderadas, salvo cuando alguna influencia externa introduce la cizaña o un conflicto interno pone a prueba sus principios.

La poción mágica es la clave de la libertad. La aldea bajo los efectos del fármaco dispone de un poder fenomenal que solo puede ser usado en legítima defensa o con finalidades de beneficencia, siguiendo con los principios que apuntalaron normativamente la Europa de la posguerra. El asedio constante de los romanos dota a los galos del heroísmo de la resistencia, les da las energías necesarias para no degenerar.[6] Los mantiene siempre dispuestos para pegarse con el enemigo, siendo continuas las escenas que subrayan alguna forma de acción violenta con onomatopeyas de golpes, estrellitas y chichones.[7] Estas rudas bromas —pues es siempre en broma que Obelix aplasta a algún romano con su menhir o alguien sufre un traumatismo craneoencefálico por puñetazo de aldeano dopado— nos dicen que no existe libertad sin el ejercicio de la fuerza, cubriendo esta verdad sobre la condición republicana con el velo de las risas.

La ideología de gran parte de las series televisivas infantiles producidas hoy es menos optimista. Los ciudadanos pierden el control sobre su vida, el cielo se cubre de nubarrones y el futuro carece de porvenir. Por ello, las ficciones para niños se vuelven más pedagógicas, menos lúdicas. Tiene notable éxito el género de *minisuperhéroes* siempre listos para la siguiente misión y que solo se permiten las bromas y las risas entre emergencia y emergencia. Se tiende a evitar que los niños contemplen violencia en edades tempranas al tiempo que se los entretiene con bomberos de un mundo del que se subrayan los riesgos medioambientales. Algún personaje gracioso se tropezará para suscitar una risa, pero el resto de la acción está dirigido a la resolución de graves urgencias en entornos ordenados y frágiles. Así las cosas, conviene adiestrar a los niños para que en cualquier momento abandonen sus juegos y salgan a combatir la catástrofe por venir.

Los niños no ríen con las aventuras de estos animalitos y personajillos superheroicos que confían infinitamente en la tecnología para neutralizar las catástrofes. Los personajes ya no son aplastados, bombardeados, gaseados y defenestrados como en *La pantera rosa, El correcaminos* o *Tom y Jerry*.[8] Los contenidos audiovisuales ofertados cumplen con los estándares de violencia permitida por las autoridades de cada país y acentúan los mensajes edificantes (cooperación, ayuda y cuidados recíprocos, amistad, etc.). El resultado son historietas que, al no poder utilizar la violencia, han perdido un recurso clave para provocar hilaridad. Además, tienen que aparentar que transmiten un mensaje apto y didáctico, mientras usan todos los medios técnicos a su disposición para hechizar a los niños ante la pantalla. El resultado son montajes acelerados con entretenidas tramas sobre emergencias que deben combatirse. Se invita a los niños a ver las catástrofes con la misma ligera sonrisa con que los supervivientes en el mundo posapocalíptico celebrarán haber superado una prueba cotidiana. Cuando definitivamente el cielo caiga sobre nuestras cabezas, no pillará a los ciudadanos desprevenidos.

NOTAS

1   M. Horkheimer y T.W. Adorno, *Dialéctica de la Ilustración. Fragmentos filosóficos,* Madrid, Trotta, 1994, p. 185.

2   Ahí radicaría la genialidad del humorismo de Goscinny según Leopoldo Kulesz, editor de *Asterix* en Libros del Zorzal.

3   E. Todd, *Sociologie d'un crise religieuse. Qui est Charlie?,* París, Seuil, 2015, p. 65.

4   Cf. C. Premat, E. de Boissieu y N. Rouvière, «Asterix, un héros de la littérature populaire. Entretien avec Nicolas Rouvière», *Sens Public,* 2010.

5   M. Sirczuk, *Fundación y legitimidad en la modernidad política. C. Schmitt, H. Arendt y C. Lefort,* Buenos Aires, Prometeo, 2018, p. 223.

6   Sobre las analogías entre la aldea irreductible y la resistencia francesa durante la ocupación nazi, cf. N. Rouvière, *Asterix ou la parodie des identités,* París, Flammarion, 2008.

7   A propósito de la violencia en Asterix, véase el algo jocoso artículo M.A. Kamp, P. Slotty, S. Sarikaya-Seiwert *et al.*, «Traumatic brain injuries in illustrated literature: experience from a series of over 700 head injuries in the Asterix comic books», *Acta Neurochirurgica* 153 (2011), pp. 1351-1355.

8   De nuevo las consideraciones frankfurtianas sobre la industria cultural resultan pertinentes: «Si los dibujos animados tienen otro efecto, además del de acostumbrar los sentidos al nuevo ritmo del trabajo y de la vida, es el de martillear en todos los cerebros la vieja sabiduría de que el continuo maltrato, el quebrantamiento de toda resistencia individual, es la condición de vida en esta sociedad». M. Horkheimer y T.W. Adorno, *Dialéctica de la Ilustración, op. cit.*, p. 183.

CONDENAR LA RISA

Tal vez Rousseau vería en nuestras sonrisas los estragos del individualismo sobre el cuerpo comunitario. La sonrisa crea facciones, grupos que son distintos porque no ríen de las mismas cosas; ríen unos de otros y se desprecian mutuamente.

Visto así, podríamos afirmar que se ríe demasiado, llegándose incluso a reír de que lo único que consideramos sagrado es el derecho a reír de cualquier cosa. Podría ser que esta reducción al absurdo (un absurdo que, como tal, nos hace reír) fuera el resultado de que para muchas personas la vida en sociedad es gris, desagradable, confusa, insegura, precaria o agresiva, y qué mejor modo de soportarla que con la ligereza de la risa. Por un momento, al sentir la agitación del propio cuerpo y la descarga de endorfinas, la existencia se hace tolerable y se logra saltar al minuto siguiente y así de minuto en minuto hasta que se da el milagro, escaso y breve, de la completa ligereza.

¿Quién se atreve a condenar la risa? Constatamos que funciona como un mecanismo que inmoviliza a la sociedad, pero no la condenamos, porque tiene algo liberador, porque supuestamente la risa social es un acto libre, y porque gran parte de lo que decimos quiere ser escuchado con sentido del humor y es percibido como una invitación a desternillarnos juntos. Pero puede pasar —y pasa— que mientras la mayoría está distraída riendo a gusto de una chorrada o de *memes* cualesquiera, los *drugos* se divierten zurrando de lo lindo a un pobre desgraciado que intenta dormir en un cajero.

Algunas narraciones de esta risa la vinculan a la debilidad de una Europa que se complace en sus libertades sin recordar el precio que ha pagado por ellas, sin considerar los esfuerzos necesarios para que no se reviertan las frágiles conquistas éticas; un continente que muere literalmente de risa mientras sus vecinos se arman hasta los dientes y se ríen de los pacifistas. Una subnarración, hija de esta, afirma que los adversarios no son los países poderosos y autoritarios que rodean al continente, sino los huéspedes que arrastran sus intolerancias religiosas, su cerrazón de mente, sus estilos de vida antieuropeos, los Otros amenazantes. La violencia del fanático contra las risas del débil. Querrían estos fanáticos imponer una única manera de vivir, un único tipo de práctica sexual, una risa aburrida y uniforme sobre cosas inocuas, y otra gregaria y percibida como amenaza por las personas a las que esta risa hurta la condición de personas.

Los nihilistas armados sin sentido del humor quieren acabar con los nihilistas desarmados que ríen de lo que les da la gana y para quienes solo es vivible una sociedad que tolere la existencia de clubs donde se ríe de todo y personas adultas hacen con su cuerpo y con su mente lo que les apetece, sin que nadie pueda limitar su libertad para protegerlos de sí mismos. La risa debe regirse para ellos según un principio muy simple: si tu chiste no hace reír a nadie, mala suerte; si no encuentras personas con las que realizar las prácticas sexuales que más te ponen, peor para ti. Queda excluida toda obligación de reír y de follar como quieren los otros.

¿Será posible tomarse la risa en serio sin socavar las posibilidades de futuro de la democracia liberal? ¿O tal vez ha llegado la hora de aprender a reír de lo que toca o a dejar de hacerlo, sin que a uno lo tachen de aguafiestas? O más bien, ¿es el momento de reír de cosas de las que no nos reiríamos para demostrar que nadie tiene derecho a desposeernos de unas risas que son elemento esencial de la comunidad política liberal?

El clima internacional alrededor de la broma la ha situado como objeto de persecución penal, junto con todo lo que pueda resultar incómodo a quien en cada caso manda. La decisiva resolución 1373 del Consejo de Seguridad de Naciones Unidas del 23 de septiembre de 2001 dio la campana de largada para la persecución gubernamental *urbi et orbi* de las risas y las provocaciones indeseadas, como una forma de disidencia que puede ser catalogada de terrorismo por cualquier país sin que los otros tengan la potestad para inmiscuirse. La mencionada resolución establece las medidas represivas, penales y de otro tipo que pueden tomar los Estados para enfrentarse al terrorismo. Parece una iniciativa loable si no fuera porque la definición del término clave, el terrorismo, es potestad discrecional de cada Estado. Proliferan las represiones de comunidades molestas para el poder, de disidentes o activistas políticos y artistas radicales en todas partes del mundo, preferentemente en aquellos países con democracias de mala calidad, o sea, no democráticos. Suelen escudarse los gobiernos de turno en que se trata de terroristas o extremistas, agitadores y enemigos del pueblo, borrando la barrera entre la protesta legítima y la alteración radical del orden público mediante la violencia. De modo que Pussy Riot o Femen son inmediatamente clasificadas como violencia contra el Estado y arrastradas a la vía penal.

Los países con democracias más contrastadas no entran en este juego con la alegría de Rusia o China, pero existe en todas partes la posibilidad de activar procedimientos excepcionales para tratar casos excepcionales, de modo que nadie tiene muy claro qué es lo excepcional hasta que no lo ha realizado. Ante opiniones disidentes, los Estados pueden iniciar procesos judiciales y anunciar castigos que, en la práctica, se traducen en que muchas personas dejen de hablar en público por miedo *(chilling effect)*. Ante estas amenazas, solo siguen riendo los que no tienen nada que perder. O solo no dejan de reír los que así afirman su soberanía individual, locos de atar o semidioses.

No cesan, mientras tanto, las sonrisas y las risas domésticas. Muchas de ellas escapan a su mercantilización: las personas que se cuidan unas de otras se iluminan recíprocamente con sus respectivas sonrisas. Las familias no siempre logran reír, pero tienen tanta hambre de alegría que bastan unas risitas enlatadas para que el hogar se vuelva a encender.

Los regímenes políticos de diversa índole regulan su propia transparencia estableciendo deberes de claridad y rendición de cuentas. Corresponde al cuarto poder garantizar que estas medidas sean efectivas y no solo formales para evitar la opacidad del palacio. Sin embargo, muchos debates en la esfera pública *mainstream* orbitan en torno a expresiones que no tienen una relevancia directamente política o que, si la tienen, suele ser desde una vertiente provocativa, marginal o artística. Caricaturistas, cantantes y los más variopintos artistas son procesados por escarnio de las autoridades políticas, por burlas a la religión y a sus creyentes, por blasfemias o por atentar contra la mínima decencia.

En 1943 se inicia el caso conocido como Hannegan c. Esquire (327 US 146). El director de correos estadounidense, Frank Walker, había impedido que la revista *Esquire* fuera repartida a tarifas convenientes. Se opuso a incluirla en el elenco de las publicaciones facturables a bajo precio porque, afirmó, sus contenidos eran pornográficos e indecentes. Walker se refería a las primeras chicas *pin-up* en los famosos retratos de Alberto Vargas, las conocidas como *Varga girls*. Aprovechando, mejor dicho, abusando de su autoridad, las censuró indirectamente.

Mientras que en las decisiones de años anteriores los tribunales habían discutido casos de *free speech* a propósito de la disidencia política o religiosa, ahora se centraban en algo *prima facie* políticamente irrelevante como los dibujos eróticos y subidos de tono que contribuyeron notablemente a la popularidad de la revista entre los soldados en el frente, llegando a adornar los morros de los Lockheed P-38 con chicas *pin-up*. El argumento de Walker, apoyándose en un estatuto del servicio postal estadounidense, era que esa revista «no contribuía al bien público».[1]

El tribunal sostuvo que la discrecionalidad moral del director de correos no podía ser el criterio para decidir qué revistas podían circular a bajo coste. El juicio se entiende en el contexto de la cruzada conservadora contra las revistas *pulp* que eran responsabilizadas, como llegó a afirmar el director del FBI, J. Edgar Hoover, del aumento de la delincuencia juvenil y la degeneración de las mentes más débiles. Organizaciones religiosas, sobre todo católicas, iniciaron una campaña para disuadir a los quioscos de prensa de que vendieran el material moralmente reprobable, lo cual llevó a la desaparición de numerosas revistas. Este movimiento represivo se reforzó estimulado por un movimiento antagónico de liberalización de las costumbres. El auge de las libertades personales y sexuales sirvió de fermento en los debates a favor de una interpretación más abierta de la Primera Enmienda que tutelara a los ciudadanos frente a las tendencias represoras de los guardias de la moralidad. Así lo refrendó el Tribunal Supremo estadounidense al establecer que para limitar una expresión debe identificarse de manera fehaciente un daño inminente causado por esta. El presunto daño a la moralidad pública, el modo en que una expresión o un dibujo pueden perjudicar a la salud de la sociedad y su cohesión, dejaron de servir como test para prohibir. Un ejemplo memorable es la literariamente ajustada decisión del juez Woolsey a propósito del *Ulises* de Joyce, que reconocía los efectos chocantes del libro, pero no lo consideraba merecedor de ser prohibido, y que fue recibida como un ejemplo de apertura de miras liberal frente a las tendencias totalitarias que se consolidaban entonces en los países fascistas de Europa.[2] El juez se revela como un buen comentarista de texto, condición para sentenciar con ecuanimidad jurídica, política y literaria. Casi siempre la censura o la incomprensión social se deben a la incapacidad para hacer una lectura mínimamente sofisticada.

Las revistas a las que Walker aplicó su dedo censor no tenían recursos para enfrentarse a un procedimiento legal, salvo *Esquire,* que se resistió jurídicamente. Gran parte de su éxito de ventas procedía de las tropas, de ahí que para responder a las acusaciones de degradación de la moralidad causada por las imágenes lascivas se adujo que eran iconos de la mujer norteamericana que levantaban la moral de los soldados en el frente. Las *Varga Girls* estaban al servicio de la defensa del país. De este modo, se vinculó la Primera Enmienda de la Constitución de Estados Unidos no a la necesidad de que los ciudadanos dispongan de información para participar con conocimiento de causa en la deliberación democrática o a la libre propagación y difusión de creencias religiosas o espirituales, sino a la «cultura popular y al entretenimiento».[3]

En su irónico reportaje sobre la industria pornográfica en Estados Unidos, David Foster Wallace lleva al absurdo el recurso a la Primera Enmienda:

> La pregunta de si los artífices de la Constitución americana pudieron, en la más descabellada de sus imaginaciones, haber sido capaces de prever cosas como *Anal Virgins VIII* o el servicio telefónico 900-666-FUCK cuando estaban pensando en las expresiones que querían defender es obviamente una pregunta espinosa.[4]

Cabe razonablemente preguntarse si se pierde el espíritu original de la Primera Enmienda y en general de los movimientos liberales cuando se vincula la libertad de expresión con la diversión y no con el interés social o la vida democrática. La eventual utilidad de lo que se publica es indiferente. Corresponde a cada cual decidir el provecho que saca de exponerse a ciertas expresiones o, mejor dicho, decidir si quiere medir aquello a lo que se expone en términos de provecho o de embrutecimiento.

La motivación de la sentencia que favoreció los intereses de *Esquire* no tiene mucho que ver con la salud de la democracia: no tutela la difusión de ideas disidentes, minoritarias o impopulares, sino los dibujos de mujeres sexualizadas cuyos receptores principales cabe pensar que eran sobre todo hombres. Con esta sentencia se consolida una nueva manera de entender la salud de la república y el espíritu cívico: el ciudadano no tiene que estar dispuesto a darlo todo por el bien de la patria. La república puede sobrevivir aun si hay indiferencia hacia la cosa pública. Más aún, se diría que cuanto más entretenido esté el ciudadano más fácil será armonizar los intereses de todos hábilmente dirigidos por la industria del ocio. El ciudadano tiene el imperativo de divertirse y las instituciones le proveen las oportunidades para hacerlo: la estabilidad se funda en el entretenimiento. El consumidor de productos audiovisuales (series, porno, videojuegos) es el ciudadano ejemplar y debe poder acceder sin trabas a los bienes que se le ofrecen. Al buscar la protección de la libertad de expresión para difundir dibujos de mujeres ligeras de ropa, las revistas inauguran esta conversión de un principio político en instrumento de la industria cultural. De ahora en adelante cualquier resistencia será tachada de moralismo.

NOTAS

1   Para una detallada presentación del caso, cf. S. Barbas, «The Esquire Case : A Lost Free Speech Landmark», *William & Mary Bill of Rights Journal* 27(2), 2018, pp. 287-361.
2   *Ibid.*, p. 313.
3   *Ibid.*, p. 361.
4   D.F. Wallace, *Hablemos de langostas,* Barcelona, DeBolsillo, 2008, p. 33, nota 15.

LA INDUSTRIA DE LA SONRISA

Con el auge del consumismo las risas se convierten en productos masivos. Risas de la posguerra en casa del vencedor, risas compartidas, sólidas, que no dañan a nadie —o eso parece—. Incontables risas, como las que pautaban las veladas de los hogares norteamericanos entre 1960 y 1966, en donde los televisores narraban las vicisitudes de sus sosias prehistóricos, los Picapiedra, habitantes de los suburbios sin otra preocupación que los problemas de pareja y las desavenencias vecinales. Risas de satisfacción resonaban en las periferias cuando emitían la comedia animada más longeva en el *prime time*, que solo después pasó a horario infantil. Los Picapiedra iban destinados a toda la familia, adoctrinando medio en broma medio en serio en la fe del *American way of life*, cuando el capitalismo era sinónimo de fiabilidad, tan sólido como los sofás, los coches, las neveras y todo tipo de electrodomésticos minerales que rodean a los Picapiedra y a los Mármol. Al situar la trama en tiempos prehistóricos se daba carta de naturaleza al individualismo y al consumismo representados por Wilma, la mujer de Pedro Picapiedra, que ratifica su confianza infinita en el sistema de crédito al grito de «*Charge it!*». Su mal humor solo sirve para ejercer el papel de esposa responsable frente al infantilismo del marido. El resto del tiempo sonríe junto a su vecina Betty Mármol, ambas perfectamente pertrechadas con bienes de consumo para perseguir cómodamente la felicidad en sus casas de granito. Sonríen porque nada irá mal, la unidad familiar puede mirar al futuro con confianza.

En este capitalismo duro como una roca las sonrisas son un producto más. De ahí el auge de la ortodoncia, alrededor de los años 50, que prometía hacer realidad el ideal de sonrisa, blanquísima, claro está, con el que identificar a las personas sanas, atléticas, socialmente exitosas y con facultades de liderazgo; en definitiva, a las personas bellas, aquellas a las que las personas menos bellas quieren parecerse. Los norteamericanos se obsesionaron con la sonrisa perfecta, simétrica, sobre níveos dientes ordenados estableciendo así un modelo de rostro accesible previa inversión económica. La sonrisa modélica se distribuyó según patrones de clase y geográficos. Los estadounidenses optaron por la perfección paroxística de Julia Roberts, mientras que en otras partes del mundo se tendió a mohínes imperfectos.[1]

Han pasado los años, Lehman Brothers y sus cómplices han demostrado que las casas eran de cartón piedra y bajo el granito borbotea, o eso dicen, el venenoso radón. Tras la licuefacción del capitalismo, queda solo la sonrisa sin la felicidad. Sonreír es ahora una manera de propiciar un estado de ánimo que eventualmente atraiga la felicidad sobre el agente de la sonrisa, una técnica de *coaching* del yo. Como el resto de bienes de consumo, el acceso a la sonrisa exitosa depende de los recursos de cada cual. No hay sistema de protección social ni mutua sanitaria que cubra plenamente el precio de dientes perfectamente alineados: sonríe peor quien menos tiene.

En Estados Unidos la sonrisa es tan imprescindible como la ropa interior. No se puede salir de casa sin ella. Alegrar el propio día y el de los conciudadanos es una obligación cívica, una contribución relevante en la persecución de la felicidad prometida por la Declaración de independencia. La manera más rápida para ser feliz es aparentarlo. Se sonríe siempre que hay una cámara. Las personas se entrenan desde pequeñas para poner una determinada cara cuando les hacen una foto. No basta con la que llevan, tienen que actuar otra. Sonriendo siempre uno parece feliz, lo cual le reporta *feedbacks* positivos que a su vez lo harán efectivamente feliz. La sonrisa es la antesala de cualquier forma de expresión, con ella se predispone favorablemente al potencial interlocutor. Al sonreír, la persona ya se está manifestando, da una interpretación de sí misma, se sitúa bajo una luz favorable.

La sonrisa está en venta. Los vendedores de perfumes, de vestidos, de cremas y de cualquier otra forma que adopta lo que un día polvo será toman por asalto la calle y ocupan el espacio visual del peatón con cutis y cuerpos que no existen más que en los procesadores de imágenes. La industria publicitaria usa el cuerpo femenino para aprovechar la energía libidinal de los contempladores en beneficio del consumismo. Los cuerpos expuestos hablan la lengua de la carne, prometen turgencias. Sus miradas están fijas en el peatón, halagándolo. Participa así el transeúnte de una conexión efímera y ficticia con mujeres que lo miran, pero no lo ven, porque están mirándose a sí mismas, como la madrastra de Blancanieves. Esta por lo menos tiene la lucidez de decirse a sí misma que ya no es la más bella, dándole la apariencia de acto objetivo, realizado por un improbable ser que habita el espejo. El teléfono en el que en verdad se mira la modelo que hace como que mira al paseante habla para convencerla de que siga buscándose en el azogue de la pantalla. La mirada no puede alcanzar a quien se halla del otro lado, es un retrato para uno mismo, un *auto-autorretrato,* una *self-selfie.* Las modelos miran hacia dentro y distancian así a quien se sienta atraído por la carnal magia de la fotografía.

No siempre sonríen estas mujeres inalcanzables. Con frecuencia ponen «cara de pato», cuya repetición resulta repulsiva, como si tras el pato asomara un feo conejo o viceversa. Tan pronto se manifiesta el artificio de la cara de ánade se desmorona el encanto y la belleza se trasmuta en su contrario.[2] A veces las modelos ríen, pero nunca con quien las mira. Ríen porque están a gusto consigo mismas, no necesitan al paseante para ser felices. Escenifican una utopía en donde reír tranquilamente mientras la vida gris circula por los pasillos del metro. Si pudiéramos preguntarle a la chica que nos mira riendo cada mañana desde una fotografía a la entrada de la estación de qué se ríe, no nos respondería. Le damos igual. No quiere ser nuestra amiga, porque ella ya tiene sus amigos, aquellos con los que está muriéndose de la risa alrededor de una fogata, subida a un descapotable o tomando champán francés en la cubierta de un yate. La chica inalcanzable y sus amigos de bíceps hipertrofiados escenifican una felicidad exclusiva. El usuario del espacio público urbano es como el camarero: está en la fiesta, pero no comparte la felicidad con los que festejan. Si esa chica finalmente lo viera, se cubriría con una máscara fría, usada, de ojos hastiados. La sonrisa perfectamente despreocupada es para bolsillos pudientes y personas egoístas. Al resto les queda el honor de reír con seriedad.

NOTAS

1   A. Khalid y C. Quiñonez, «Straight, white teeth as a social prerogative», *Sociology of Health & Illness* 37, 2015, pp. 782-796.
2   L. Wittgenstein, *Investigaciones filosóficas*, II, 11.

En Occidente se blande la libertad de expresión como símbolo. Que las personas puedan expresarse sin impedimentos es una aspiración y un derecho centrales en la comprensión que esta región geográfica y mental tiene de sí misma. Se sostiene, con intensidad dogmática, que la libre expresión de los ciudadanos es un derecho irrenunciable por el que vale la pena luchar y que hay que promover allí donde es menoscabado. Todas las personas deben poder manifestar sus opiniones sobre asuntos políticos, sociales, económicos y culturales sin miedo a las represalias. Solo así, reza el imaginario europeo, se puede garantizar la buena salud de democracias que dependen de la articulación pública e irrestricta de todas las opiniones, sean estas las que sean.

En efecto, la democracia liberal solo existe en la medida en que haya una confrontación pública de asuntos relevantes controvertidos. Si una parte de la sociedad puede impedir que la otra se manifieste, si la discusión pública está colonizada por asuntos y perspectivas que interesan solo a unos, la democracia no está a la altura de su ideal de conversación inclusiva. Este ideal no se cumple nunca plenamente, de ahí que la retórica propagandista de la libertad de expresión suela ocultar la mera formalidad del principio. Que se reconozca y proteja la libertad de expresión no equivale a que todas las personas puedan, quieran, o sepan ejercerla. Que un grupo de ciudadanos, rodeado de centenares de policías para evitar que se acerque, por ejemplo, a la sede de un parlamento democráticamente elegido, tenga derecho a gritar consignas anarquistas es, sin duda, una demostración de respeto a la libre asociación y a la publicidad de ideas subversivas y críticas de lo establecido, pero es también una prueba de que reconocer las libertades puede ser un primer paso para controlarlas, domesticarlas o armonizarlas con el orden público. Así lo entendía Herbert Marcuse cuando calificaba la tolerancia liberal como tolerancia represiva: la manifestación de ideas controvertidas se convierte en la represión del disenso más radical.[1] En las democracias liberales el ciudadano puede evacuar sus quejas, escribir vehementes críticas a los poderosos, insultar a los representantes de las religiones y a sus fieles, ejercer su derecho a manifestarse libremente sin que esas expresiones públicas tengan ningún efecto social visible más que el desahogo de la persona en cuestión que, como se dice, «se ha quedado descansada», dejando el resto de cosas tal y como estaban.

Casi siempre el espacio de la libre expresión se reduce a lo que en castellano se suele llamar «derecho a la pataleta», término que infantiliza a quien lo ejerce comparándolo con el niño mimado que se desgañita cuando no le satisfacen su santísima voluntad.[2] Y está bien que así sea casi siempre, pues la mayoría de nuestras opiniones solo tienen valor en la medida en que las emitimos para quejarnos o para expresar disgusto e incomodidad, sin que surjan de una reflexión ponderada y profunda que considere todos los aspectos sociales, políticos, económicos y de otro tipo del asunto en cuestión. No es descartable que a veces de esta articulación informal de incomodidades privadas pueda surgir un cambio legislativo o un desplazamiento de la opinión pública. Sin embargo, me atrevo a aventurar que casi nunca pasa de ser una libertad de evacuación que solo afecta al emisor, pero no infecta, no se propaga; apenas son emitidas, estas opiniones caen en el sumidero de la indiferencia. Son tantas las voces públicas que se acaban nivelando entre sí, equiparando a las que vehiculan injusticias colectivas con las que nacen de meras incomodidades privadas.

La propia estructura del sistema liberal pone más énfasis en la formalidad que en la materialidad de las libertades. Puesto que se ejercen individualmente, la persona se halla sin intermediación ante el sistema, sin redes de solidaridad: un teléfono, un sujeto, un voto, una opinión.[3] El espíritu de los tiempos encumbra al individuo cual semidios y olvida que es un ser pequeño y necesitado, inexistente sin alguna forma de relación. Lo dice sin ambages Claude Lefort:

La libertad de opinión, concebida sobre el modelo de la propiedad de bienes materiales, no hace de la opinión una propiedad privada; es una libertad de relaciones. [...] Cuando a cada individuo se le ofrece la posibilidad de dirigirse a los demás y de escucharlos se instituye un espacio simbólico, sin fronteras definidas, sustraído a cualquier autoridad que pretendiera regirlo y decidir lo que es pensable o no, lo que es decible o no. La palabra como tal, el pensamiento como tal revelan, independientemente de cualquier individuo particular, no ser propiedad de nadie.[4]

El filósofo predica en el desierto del solipsismo que ya detectó Baudelaire en un fragmento, no desprovisto de humor, de *El spleen de París*:

El espejo

Un hombre espantoso entra y se mira en el espejo.
«¿Por qué se contempla usted en el espejo si solo puede verse en él con desagrado?»
El hombre espantoso me responde: «Señor, según los principios inmortales del 89, todos los hombres son iguales en derechos, así pues, tengo el derecho de mirarme con agrado o con desagrado, eso no le importa a nadie más que a mi conciencia».
En nombre del buen sentido, yo tenía razón sin ninguna duda; pero desde el punto de vista de la ley, él estaba en lo cierto.[5]

«Desde el punto de vista de la ley» todos los individuos tienen derecho a mirarse en el espejo, a regodearse en sus opiniones, a hacer chistes sobre lo que sea, porque no hay un criterio externo para establecer qué usos de la libertad son legítimos, útiles, adecuados a las finalidades de la justicia. La actitud liberal en relación con los derechos elimina el juicio externo; cada cual es patrón de su vida. Desaparecidos los horizontes de sentido, lo que ha sido elegido libremente es válido.

Prevalece el derecho a emitir una opinión y a contar un chiste, porque «desde el punto de vista de la ley» todo es opinable, todo puede ser gracioso. Se diluye de este modo la esencia relacional de la libertad de expresión, así como de todas las libertades, que pasan a funcionar como espejos en los que cada cual tiene el derecho a engañarse soberanamente y celebrar su fea soledad.

NOTAS

1   Dicho sea de paso, este es el significado crítico con que Marcuse designaba la tolerancia represiva y no el significado literal que le atribuye Darío Villanueva (*Morderse la lengua*, Madrid, Espasa, 2021, pp. 105s.), que pierde de vista que la dialéctica marcusiana (y, en general, de los autores de la Escuela de Frankfurt) es contraintuitiva.

2   Ortega ridiculizó esta actitud en *La rebelión de las masas* con la figura del «señorito satisfecho».

3   Cf. E. Morozov, *To Save Everything, Click Here: The Folly of Technological Solutionism,* Nueva York, Public Affairs, 2013.

4   C. Lefort, *La incertidumbre democrática,* Barcelona, Anthropos, 2004, p. 146.

5   C. Baudelaire, *Las flores del mal; El Spleen de París; Los paraísos artificiales,* Barcelona, Penguin, 2017, XL.

DOS

LA GESTACIÓN DEL CONOCIMIENTO

Hay una larga tradición europea de defensa de la libertad de expresión que corre paralela a otra larga
tradición europea de «esta práctica tan verdaderamente española de la censura previa», como escribe
John Milton.[1] La libertad de expresión se manifiesta
siempre como defensa enfática de sí misma ante
quien la quisiera limitada, coartada, parcelada. Es,
pues, casi siempre reactiva, responde a las resistencias
que encuentra, y su mera articulación equivale a su
reivindicación.

El propio Milton publicó sin licencia en 1644 su
panfleto en contra de la legislación que preveía el control previo de los libros, mostrando así que las libertades
no se solicitan, no se ruegan, no se piden, se ejercen.
Milton reivindicaba la autonomía de los lectores y la
necesidad de que las cosas se discutan en público y no
sean tuteladas por censores cuya inteligencia, autoridad
moral y ecuanimidad son siempre discutibles. Para los
fines que aquí nos interesan, Milton nos sirve de refe-
rente de la función social de la lectura y las perversiones
connaturales a la censura, así como sobre la tendencia a
definir lo que se puede publicar desde la perspectiva de
lo que no debería circular.[2] Milton prefigura ideas del
pensamiento liberal cuando aboga por una tolerancia

definida en virtud de sus límites: si se tolera todo, entonces no se tolera, más bien se acepta todo. Tolerar es no tolerar algo, igual que la libertad de todos impone límites a esta libertad. En el habla pública se suele traducir esta intuición con la frase «mi libertad acaba donde empieza la tuya», que no se sabe muy bien qué quiere decir en concreto pero da la medida de las libertades: no se pueden concebir como ilimitadas.

El argumento de Milton es que la censura no sirve para detener los libros sediciosos, escandalosos o calumniosos y, además,

> será una causa principal de desánimo para todo conocimiento y un freno para la verdad, pues no solo desentrenará y mermará nuestra capacidad en todo aquello que ya sabemos, sino que impedirá y cortará de raíz los descubrimientos que pueden hacerse todavía en materia de sabiduría religiosa y civil.[3]

Milton sostiene que, tras los mecanismos de licencia, se oculta el poder que quiere controlar la disidencia. De esto no concluye que los libros deban circular libremente: no se debe controlar la publicación, pues no es posible cerciorarse de su inocuidad más que dejándolos circular. Si se evidencia que algún libro «puede degradarse tanto como los hombres» habrá que «detenerlo, encarcelarlo y aplicarle la justicia más estricta, tal y como se hace con los malhechores».[4] Eso, dice Milton, hay que hacerlo con los malos libros, mientras que a los buenos hay que protegerlos pues «quien destruye un buen libro mata a la razón misma».[5] Los buenos libros son necesarios para la mejora de las naciones. Corresponde a los lectores decidir qué libros son buenos y merecen ser distribuidos y leídos, pues se trata de algo demasiado importante para dejarlo en manos de supuestos maestros de la humanidad que actúan movidos por la protección de una ortodoxia. Huelga decir que el adversario principal para la libertad de publicar es, en *Areopagítica*, el catolicismo.

Los libros, como la comida, pueden ser tóxicos. En ambos casos se introduce alguna cosa en el cuerpo, pero mientras el alimento en mal estado o los venenos solo benefician o perjudican a quien los ingiere, los malos libros «pueden ser de utilidad para un lector discreto y juicioso, en varios sentidos: para descubrir o refutar, para ilustrar o servir de aviso».[6] Los libros son remedio y veneno, de ahí que leídos promiscuamente puedan ser beneficiosos, dependiendo, claro está, de la discreción del lector. Hoy, en las democracias en las que la realidad como criterio de la verdad se ha eclipsado, somos más escépticos y ya nadie se fía del juicio del público, ni siquiera el público se fía de su propio juicio. Los mensajes se visten de verdad igual que las patatas fritas se venden con sabor a, pongamos por caso, barbacoa, quedando así su toxicidad maquillada.

El argumento decisivo contra la censura es el pragmático: la imposibilidad de detener la difusión de las malas costumbres, de las perversiones, de las herejías. La sociedad se degrada de mil maneras y no por prohibir la circulación de libros se va a evitar que proliferen las mentiras o las doctrinas malvadas. Creer que es posible mejorar la sociedad únicamente mediante la censura es como «aquel valiente que creyó que encerraba a unos cuervos al cerrar la puerta del jardín».[7]

La censura no logra por sí sola la mejora que se propone. Milton se pregunta qué tarea le corresponde al Estado frente a las tendencias internas a la decadencia moral y cognitiva, la dañina disgregación en facciones, y concluye por la vía negativa, sosteniendo que por mucho que quiera perfeccionar la sociedad no logrará hacerlo controlando los libros si no es también capaz de regular las conversaciones privadas, la holgazanería pública, la glotonería doméstica, las músicas perturbadoras del ánimo, en definitiva, las malas costumbres y ejemplos que desorientan a la juventud.

En lugar de la censura, la represión y los castigos de los muchos, Milton prefiere el crecimiento y la maduración de unos pocos. Estos individuos capaces de alzarse por encima de sí mismos gracias a la lectura «discreta y juiciosa» no pueden ser tutelados por censores que muy probablemente actúen guiados por sus represiones y miedos, y que solo aprobarán «aquello que ya esté comúnmente aceptado».[8] La desconfianza y el miedo son, cuando se impone la inquisición censora, los criterios para elegir lo que puede ser públicamente expuesto, pero aquello que se decide por temor acaba teniendo el efecto indeseado de llamar la atención sobre lo prohibido, promoviéndose indirectamente el deseo de conocer lo que se ha impedido que circule. He aquí una nueva ineficacia de la censura.

La censura aspira a crear una unanimidad de obediencia, algo firme y sólido, frío como el hielo, lo cual se contrapone a la virtud liberal por antonomasia, articulada discursivamente por Milton: el movimiento. Movimiento que se manifiesta en la diversidad de opiniones que no se dejan coordinar armónicamente y no pueden reconstruir el «cuerpo destrozado de nuestra santa mártir», la «virginal verdad». Pero eso no es óbice para intentarlo, articulando las opiniones, «conocimiento en gestación».[9] Es esta una tarea que se lleva a cabo de manera colaborativa, prudente, generosa, con un grano de caridad y un mucho de tolerancia recíproca y de movimiento (mucha discusión, mucha escritura, muchas opiniones) que solo deberían ser filtradas por la fuerza de la razón y del convencimiento.

Se perfila aquí el imaginario que vincula la libertad con la verdad, siendo la primera la vía para alcanzar la segunda, una vía sin estación término, pues el conocimiento está siempre «en gestación». Esta vía, sin embargo, no está previamente trazada, de modo que tan buenas pueden ser las sendas más transitadas como el campo a través. Se dibuja también la idea según la cual no hay un lugar de llegada, como si, parafraseando al poeta, la verdad se hiciera al andar.

Colaboración es, para Milton, lo contrario de confrontación, la cual, sin embargo, también es necesaria en las «guerras de la Verdad», que, como todas las guerras, también tienen sus normas: el encuentro a campo abierto, sin emboscadas ni «estrechos puentes de censura».[10] Los que así actúan, «no escucharán nada con humildad ni podrán convencer a otros, [...] suprimirán todo lo que no se halle en el dogma que ellos profesan. Ellos son los provocadores *(they are the troublers)*».[11] El Estado censor, el poder político que gestiona el conocimiento, las industrias guerrilleras que boicotean la limpia pelea por la verdad son el objetivo de las críticas liberales. El límite de lo tolerable se traza ahí donde alguien se arroga poder sobre la verdad o impide su búsqueda.

NOTAS

1   J. Milton, *Areopagítica, op. cit.*, p. 195.

2   Stanley Fish advierte contra los intentos de justificar la libertad de expresión haciendo de Milton un paladín de ella tal y como la entendemos hoy, y recuerda que en su caso se trata de una cuestión eminentemente teológica que en ningún caso le llevaría a defender la publicación de materiales que pudieran envenenar la sociedad. S. Fish, *How Milton Works,* Cambridge, Harvard University Press, 2001, cap. II.

3   J. Milton, *Areopagítica, op. cit.*, p. 17.

4   *Ibid.*

5   *Ibid.*, p. 19.

6   *Ibid.*, p. 59.

7   *Ibid.*, p. 77.

8   *Ibid.*, p. 111.

9   *Ibid.*, pp. 147 y 157.

10   *Ibid.*, pp. 178s.

11   *Ibid.*, pp. 149-151.

NO PERSEGUIR

¿Qué gana la sociedad no persiguiendo a los bromistas de mal gusto y a los agitadores que aparecen en público esgrimiendo opiniones controvertidas o molestas? ¿Por qué permitir focos de inestabilidad, desorden, conflicto, disolución de acuerdos implícitos? ¿No sería necesario instilar miedo a la represión —forma primera de esa misma represión— para que reine la paz? Quien censura y persigue lo hace a costa de su credibilidad, falsificando los preceptos que impone, al buen decir de Coetzee.[1]

El filósofo Thomas Scanlon afirma que una teoría filosófica de la libertad de expresión debe explicar cómo los

> beneficios a largo plazo de la libre discusión compensan algunos costes obvios y posiblemente a corto plazo, y en qué medida este cálculo de las ventajas a largo plazo depende de que se atribuya un valor alto al conocimiento y a la persecución del conocimiento por oposición a otros valores.[2]

Se aduce aquí el motivo más traído para permitir la expresión de todas las ideas o de casi todas: el progreso cognitivo. ¿Qué avance en el conocimiento se da cuando un montón de personas ríen juntas de una broma que a otros no hace gracia alguna? Las viñetas que apuntan a lo que alguien considera sagrado no quieren ofender, como prudentemente decidieron los tribunales daneses tras las denuncias de la comunidad musulmana a propósito de las caricaturas del profeta del islam. No quieren ofender, pero el tema se elige porque se sabe que alguien va a ofenderse. Son un insulto al tiempo que una broma, un motivo de ligereza. La levedad de los que ríen tiene un correlato cognitivo, por así decir, en la ideología de la secularización que querría desacralizar completamente la vida social. Al reír de lo que nadie ha reído antes, o de lo que se ha convertido en algo parecido a un tabú, se está cuestionando el significado y el valor de aquello que es objeto de la risa, levantando un velo, conociendo más allá de lo vigente. Burlarse de la autoridad puede ser un primer paso para desautorizarla. Se ríe por un doble motivo: por la magnitud de aquello que es objeto de ridículo (¡nada menos que Dios!) y para descargar la angustia porque todo sea objeto potencial de risa. Esta risa, por ende, es también una forma de conocimiento: escarnecer a la divinidad o revelar las miserias morales de un poderoso es un modo de rasgar las apariencias, mostrar lo ridículo tras la pompa. Este doble movimiento, corporal y cognitivo, lo vehicula la persona meándose de la risa. No se puede perseguir a quien, aun riendo, dice perseguir la verdad.

El divertimento está entonces al servicio de una buena salud desacralizadora. Sin embargo, este gesto pierde radicalidad cuando la creencia por defecto no es religiosa, como Charles Taylor ha definido el marco inmanente de nuestra era secular.[3] Así lo sostiene Claudio Magris:

> Muy a menudo la desacralización es un conformismo enmascarado, porque se dirige no ya a valores dominantes y temidos cuyo rechazo comporta un alto precio que pagar, sino a valores que, por lo menos en la sociedad cultural en la que vive el autor y de la que deriva su sustento y su éxito, ya han sido socavados y constituyen objeto de escarnio.[4]

Tras la muerte de Dios, reírse de él y de sus símbolos no hace más que subrayar lo obvio: que no hay nada sagrado, que nadie nos puede ofender refiriéndose burlonamente a nuestras creencias o lealtades. Si a uno le mientan la madre, eso sigue siendo ofensivo, pero insultar la tendencia política, cultural, asociativa, sexual, o incluso la creencia religiosa o *pararreligiosa* de cada cual, no daña en sí mismo. Si acaso se podría aducir un daño en la forma de desprestigio del grupo vilipendiado, algo que ya está regulado por el denominado *hate speech*.

Distingue Magris dos vías para provocar hilaridad: «la sátira […] aspira a destruir a su propio objeto y se alza, cáustica y despectiva, por encima de él».[5] En cambio, la parodia provoca una risa

> más genuina, que reúne ironía, autoironía y respeto, la risa del que mientras se burla de los demás —tal vez del maestro y de un texto inmortal que este está leyendo en clase—, se burla también de sí mismo,

disipando cualquier altivez y disfrutando de ese contento del que se disfruta cuando se es libre de toda presunción de sí y se está en armonía con el mundo.[6]

La parodia sería más noble, más infantil, «más pequeña, más modesta», y en sus formas más elaboradas, desde Rabelais hasta Eco, una burla de la propia inferioridad respecto del modelo con el que se mide. Lo expresa impecablemente Andrés Barba: «es imposible hacer una parodia sobre algo […] sin reconocer implícitamente su importancia».[7]

La parodia difundida masivamente es casi siempre un malentendido. En cambio, la sátira aspira a un público mayor, y con este fin se civiliza sibilinamente para echar fuego sobre diatribas políticas prefijadas, participando en teatros globales en los que se celebra la estigmatización del otro. Las caricaturas destinadas a unos pocos y los consejos musitados en confianza salen de la cueva y son brutalmente lanzados a la trituradora de internet.

La transgresión acomodaticia se contenta con subrayar ideas que resultan evidentes para unos y detestables para otros. El «libertinaje de la imaginación», como la *Enciclopedia* definía la caricatura, se hace norma y acaba desembocando en pornografía. ¿Qué conocimiento cabe esperar de la circulación libre de caricaturas propagandísticas? ¿Se puede aprender algo de los libertinos? La ciudad del orden los proscribió, los recluyó a lo íntimo, a lo impúdico. Ahora actores del porno y *artistillos* de lo abyecto campan a sus anchas. La transgresión se banaliza. El aprendiz de sátiro tacha cualquier barrera de moralista y así aparenta un atrevimiento del que carece.

NOTAS

1   J.M. Coetzee, *Contra la censura,* Madrid, Debate, 2007.

2   T. Scanlon, «A Theory of Freedom of Expression», *Philosophy and Public Affairs* 1(2), 1972, p. 205.

3   C. Taylor, *La era secular I-II,* Barcelona, Gedisa, 2014.

4   C. Magris, «Parodia y nostalgia», en *Utopía y desencanto. Historias, esperanzas e ilusiones de la modernidad,* Barcelona, Anagrama, 2006. Agradezco a Bernardo Valdés la cita.

5   *Ibid.*

6   *Ibid.*

7   A. Barba, *La risa caníbal, op. cit.,* p. 19.

¿ATAQUES A LA RELIGIÓN?

¿Es posible atacar a una religión? Con frecuencia, se debate usando un lenguaje bélico: una crítica, una burla, una broma subida de tono, una parodia, una discusión filológica o teológica, todo eso puede ser interpretado como un ataque. Así lo afirmó también Hadi Matar, una semana después de acuchillar a Salman Rushdie en agosto de 2022. En una entrevista, tras ser detenido, el agresor de 24 años reconoció haber leído «un par de páginas» de *Los versos satánicos* y añadió que «no le gusta Salman Rushdie», porque es «alguien que atacó al islam», una persona «insincera».

Quienes justifican la agresión al escritor y a sus traductores piensan que la novela era insultante, agresiva; era, como dijo Matar, «un ataque al islam». Calificando así el texto de Rushdie se pretende explicar la reacción, que sería otro ataque, no verbal sino físico, casi —se diría— un gesto en defensa propia. Sin embargo, una novela no es un ataque, del mismo modo que las palabras no son armas. Ciertamente, en ocasiones las palabras son violentas, no solo porque incitan a ejercer la fuerza, también porque ellas mismas pueden herir. Pero no son de ninguna manera *ataques,* muchas veces son más bien formas de defensa que adoptan quienes solo tienen lápices, impresoras, micrófonos, cámaras o cuerdas vocales. La mañana tras el atentado en *Charlie Hebdo* los viñetistas de todas las cabeceras rindieron homenaje a los asesinados y a la propia profesión, dibujando lápices inermes, pero no inocuos, travestidos de armas civiles. Los chistes y las caricaturas en la prensa no son neutros ni inocentes: pueden provocar reacciones airadas, sentimientos de ofensa, pero no pueden ser considerados ataques, salvo que sirvan de acicates en una atmósfera social viciada de conflictos.

Los victimarios malentienden interesadamente. Es obvio que las novelas de Rushdie no son ataques ni insultos; como mucho son provocaciones, sugerencias oníricas y mágicas que alteran lo vigente. Son novelas y, como dice Kundera: «no hay lugar para el odio en el universo de la relatividad novelesca».

Por tanto, «no ataque; ambigüedad».[1] La *fatwa* contra Rushdie convirtió el libro en «un simple cuerpo del delito» del que se extractaban las partes controvertidas, concentrándose todos los comentarios en cuestiones de principio:

libertad de expresión; necesidad de defenderla; religión; islam y cristiandad; pero también esta pregunta: ¿tiene un autor el derecho moral de blasfemar y herir así a los creyentes?, e incluso esta duda: ¿y si Rushdie hubiera atacado el islam únicamente para hacerse propaganda y vender su ilegible libro?[2]

Los versos satánicos no contrapone principios, no es una defensa de la modernidad contra la tradición.[3] La novela no sigue esta lógica: «Rushdie no blasfemó. No atacó el islam. Escribió una novela».[4] El libro repleto de insultos, de odio y de menosprecio a los miembros de una religión y a la religión misma no es el mismo que escribió Rushdie: «Ese libro simplemente no existe».[5]

El libro que sacó a miles de personas a la calle y que varias décadas más tarde, en verano de 2022, Hadi Matar usó de excusa para acuchillar al escritor, «simplemente no existe». Del mismo modo que no existe el libro que «amenaza el sistema de creencias del islam», como sostienen los expertos entrevistados en las televisiones, que no hacen más que recoger la motivación aducida por el asesino. Psicólogos, analistas políticos y teólogos desentrañan la situación, pintan la contraposición entre cosmovisiones opuestas, mundos paralelos que no llegan a la intersección. Se olvida que es literatura y no caricatura. La caricatura que habita en los medios es maniquea por necesidad comunicativa. En cambio, la literatura se resiste a ser reducida a alternativas excluyentes: «El equivalente árabe de la fórmula "érase una vez" es *kan ma kan*, que se traduce "era así, no era así". […] La ficción es ese lugar donde las cosas son así y no lo son».[6]

NOTAS

1   M. Kundera, *Los testamentos traicionados,* Barcelona, Tusquets, 2003, p. 26.

2   *Ibid.*, pp. 24 s.

3   A propósito de esta división, el propio Rushdie la impugna: «nunca he entendido esta controversia como una lucha entre las libertades

occidentales y la falta de libertades oriental». S. Rushdie, *Imaginary Homelands. Essays and Criticism 1981-1991,* Londres, Granta, 1992, p. 360.

4   M. Kundera, *Los testamentos traicionados, op. cit.*, p. 26. Así lo decía el propio Rushdie: «tratar la ficción como si fuera un hecho es hacer un serio error categorial. El caso de *Los versos satánicos* puede que sea uno de los errores categoriales más grandes de la historia de la literatura». S. Rushdie, *Imaginary Homelands, op. cit.*, p. 372.

5   *Ibid.*, p. 360.

6   S. Rushdie, *Los lenguajes de la verdad,* Barcelona, Seix Barral, 2023, p. 295.

LA VIDA EN JUEGO

En su primera aparición pública, nueve meses después de ser gravemente herido, Salman Rushdie dio un breve discurso acompañado de su característica risita que se abría paso entre los labios parcialmente inmovilizados por las cuchilladas. Rushdie dice pocas cosas, todas ellas notables. A modo de introducción se refiere al gran peligro de la libertad de expresión en Estados Unidos: el control y la censura de libros en las zonas más conservadoras. A continuación acepta el premio al coraje de Pen America en nombre de Henry Reese, el señor de más de setenta años con quien compartía escenario y que se abalanzó sobre el atacante, y menciona a los anónimos asistentes de la primera fila que lo inmovilizaron impidiéndole acabar su tenebrosa obra. Acaba proclamando que el «terrorismo no debe aterrorizarnos, la violencia no nos disuadirá» y con el puño derecho levantado se compromete a la *lotta continua*.

La libertad de expresión se hace fenómeno público cuando se entrecruza con una historia personal, cuando se encarna en la vida de un individuo que la personifica. La libertad son heridas sobre el cuerpo (el parche en el ojo derecho de Rushdie) y sempiternos guardaespaldas que siguen como una sombra al amenazado.

Al hilo de la *fatwa* promulgada contra Rushdie, es posible dibujar un relato de la libertad de expresión, pues este escritor simboliza el fenómeno en la forma de una vida rota, un destino arriesgado, así como en elecciones estilísticas y temáticas que se traducen en vulnerabilidades personales. La vida en juego de un lado y la herida presuntamente insanable en el otro obligan a tratar el asunto sin frivolidad. No es nunca solo una teoría lo que se defiende cuando se defiende una teoría sobre las palabras que pueden ser expresadas.

Poco después de la *fatwa,* a Rushdie le flaquearon las fuerzas. Muchos meses viviendo oculto, una crisis matrimonial, críticas de todas partes y las presiones políticas del gobierno británico lo empujan a anunciar públicamente su entrada al islam, la cancelación de la edición en tapa blanda de *Los versos satánicos* y la suspensión de futuras traducciones.[1] El artículo *Por qué he abrazado el islam,* incluido en una recopilación de 1991, desaparece en la edición de 1992, sustituido por una conferencia que pronuncia en Nueva York bajo el título *Mil días en globo.* En este texto el escritor muestra todas sus contradicciones, miedos y desesperada mirada hacia el futuro. Reconoce que el intento de reconciliarse con el islam no puede resolver nada, más aún, que no está en sus manos resolver nada, pues la *fatwa* es, en última instancia, un asunto de derecho internacional.[1] Rushdie sueña con una cultura musulmana «irreverente, escéptica, argumentativa, lúdica y sin miedo que es lo que siempre he entendido que es la *libertad*».[3] Una libertad que tiene su reflejo personalísimo, en ese camaleón, esa quimera, esa forma transformadora, mi propia alma: debo agarrarme a sus instintos traviesos, iconoclastas, incongruentes, payasos, da igual cuán grande sea la tormenta.[4]

Diez años más tarde, Rushdie describe cómo esos instintos han quedado sepultados por la pesadez, la sensación de que no puede mover el cuerpo.[5] Quiere salir libremente a pasear por la calle y empieza a incubar la idea de dejar la protección constante. Busca, en definitiva, recuperar la *ligereza*. Los humoristas, escritores y dibujantes que viven bajo protección ansían la ligereza antes de que estallara la bomba, de que se declarara la caza al hombre, de que las armas hicieran su aparición. *La ligereza*, así titula Catherine Meurisse la novela gráfica sobre su experiencia del atentado terrorista en la redacción de *Charlie Hebdo* y la vida después.[6] También Coco, superviviente de la matanza, identifica lo que los terroristas le causaron como «una muerte en mi interior: la de la levedad», retratándose a sí misma en casi todas las viñetas con unos ojos enormes en un cuerpo empequeñecido ante los fusiles de asalto de los hermanos Kouachi.[7] El terrorismo destruye la levedad; los supervivientes tendrán que hacer un esfuerzo para volver a reír. Carcajearse a pesar del terror es, qué duda cabe, una expresión genuina de carácter. Para alcanzar tal lúcida valentía hay que atravesar primero un desierto de desolación.

NOTAS

1   S. Rushdie, «Why I have embraced Islam», en *Imaginary Homelands, op. cit.*, p. 430s.

2   *Id.*, «One Thousand Days in a Balloon», en *Imaginary Homelands,* (1992), *op. cit.*, p. 396.

3   *Ibid.*, p. 398.

4   *Ibid.*, p. 399.

5   S. Rushdie, «February 1999: Ten Years of the Fatwa», en *Step Across This Line. Collected Nonfiction 1992-2002,* Nueva York, Random House, 2002.

6   C. Meurisse, *La levedad,* Madrid, Impedimenta, 2017.

7   Coco, *Seguir dibujando, op. cit.*, p. 309.

NADA DE QUÉ REÍR

A finales de 1948 escribe Wittgenstein:

> El humor no es un estado de ánimo; sino una concepción del mundo *(Weltanschauung)*. Y por ello, si es cierto decir que en la Alemania nazi el humor fue aniquilado, esto no significa algo así como que la gente no estaba de buen humor, sino algo mucho más profundo e importante.[1]

En las anotaciones de los días posteriores no retoma el asunto, no dice qué es eso «más profundo e importante» que significa la desaparición del humor en la Alemania nazi, ni en qué consiste esa cosmovisión humorística que se desvanece. Para completar esta frase abierta se puede recurrir al concepto «juego de lenguaje» *(Sprachspiel)* acuñado por Wittgenstein. «*Hablar* el lenguaje (das *Sprechen* der Sprache) forma parte de una actividad o de una forma de vida».[2] Entre los ejemplos que enumera incluye «hacer un chiste; contarlo». El chiste es un juego de lenguaje específico, no una mera acumulación de palabras. Quien cuenta un chiste participa de esta actividad y con él participan los oyentes: todos saben que no se trata de una descripción de un estado de cosas en el mundo, de una orden o una imprecación, suspenden una serie de expectativas (verosimilitud, seriedad, coherencia) y activan otras (atención centrada en la aparición del elemento desencadenador de la risa). Para que se den estos efectos, los participantes en la actividad, quien lo cuenta y quien o quienes lo escuchan, deben compartir algo más que la lengua, algo así como una amistad o confianza, una atmósfera de jovialidad, una expectativa compartida de reír juntos que es una manera de estar más juntos y de querer estarlo, de querer conocerse. Dependiendo del grado de afinidad entre ellos se atreverán con chistes más o menos procaces o se meterán en el berenjenal de los chistes políticos, esperando que la risa, en lugar de dividirlos, los una algo más.

A veces una persona no ríe porque está de mal humor, *nicht guter Laune,* como escribe Wittgenstein. Este estado inhibe la risa. El mal humor sería algo así como la mala sangre que, a pesar de que uno «se la hace», su causa se atribuye a otra persona o personas, a un elemento externo. El mal humor causado externamente por una mala noche, una gastritis o la derrota del equipo de futbol le sobreviene a la persona. También puede ser autoinducido, como sucede con frecuencia en algunas relaciones íntimas cuando una de las partes (o ambas) escenifica con tanta convicción su mal humor que se identifica con él y teme perderse si le quita gravedad. Con esta teatral aflicción una persona pretende amargarle la vida a otra amargándosela a sí misma, como los personajes de *Cumbres borrascosas.* Esta patología del amor —y del humor— consiste en una lucha encarnizada en el seno de la pareja por hacerse con el papel de víctima. La persona de mal humor no puede reír y se esforzará al máximo para que nadie la saque de su compungida, solemne e histriónicamente doliente circunspección. Aprieta los labios, negando la sonrisa, y rehúye la mirada, para impedir que la visión del otro le recuerde cuán indigesta es la sopa de humor negro que se empeña en sorber. No ríe porque se ha quedado en la superficie de su personalidad. Sus ganas de reír le resultan inaccesibles porque está demasiado enfadada o, mejor dicho, no sabe cómo deshacerse de la máscara que ha decidido portar. Quien así persiste en la seriedad y el enfado no tiene una concepción del mundo que le impide reír. Es más bien alguien que ahora mismo no puede ni quiere reír, que se niega la actitud lúdica propia del juego lingüístico de la risa, que se autoinflige esa privación.

La erradicación o aniquilación (Vertilgung) del humor con la que Wittgenstein caracteriza la Alemania nazi es otro tipo de ausencia de risa. Lo que desaparece no es un estado de ánimo, sino la posibilidad de reír. Para que las personas dejen de jugar a contar chistes tiene que haber ocurrido algo «mucho más profundo e importante» que tiene que ver con el control y el miedo. El chiste tiene un poder corrosivo que se desencadena cuando no existe el miedo a que sea atacado quien lo emite, cuando no hay control social que cubra de cautela y pusilanimidad las relaciones interpersonales, cuando no hay una unanimidad inducida. La fobia al chiste es fobia al malentendido, a quedarse riendo solo.

Desaparece el chiste, pero no la risa. A cara descubierta posan riendo los torturadores de Abu Ghraib.

Los fanáticos ríen y con ellos sigue viva la risa, pero muere el humorismo entendido como actitud contraria al fundamentalismo. No se puede ser un fanático del sentido del humor, pues el sentido del humor relativiza, relaciona y salva muros infranqueables. El humorismo es lo contrario del fanatismo.

A veces desaparece el chiste que cohesiona y es sustituido por una seriedad forzada. Los regímenes políticos totalitarios que necesitan reforzar la cohesión social para evitar grietas en su empuje transformador coartan la espontaneidad, de modo que las bromas o son obligatorias o están prohibidas, en un esfuerzo necesariamente fracasado de domesticar la risa. Estas circunstancias promueven solo risas públicas que refuercen los lazos tribales. Entonces basta que una broma sea recibida con silencio y reprobación para destruir el reconocimiento social del disidente. Solo en el ámbito íntimo se puede reír con total flexibilidad, con amigos y sin espías ni delatores. Cuanto más obligada es la seriedad pública con mayor frenesí se recurre al chiste prohibido ahí donde no hay orejas intrusivas.

En *La broma* (1967), Milan Kundera retrató este ambiente asfixiante que cortaba las risas no oportunas y con ellas las vidas de los que se atrevían a bromear con los pilares de la revolución. Ludvik Jahn, el protagonista de la novela, le escribe una postal despechada a su novia, porque ella es feliz en un cursillo político y no muestra que lo extraña: «¡El optimismo es el opio del pueblo! El espíritu sano hiede a idiotez. ¡Viva Trotsky!».

La novia no guarda el secreto y se inicia una purga política que acaba con Ludvik en campos de reeducación cargándolo de un rencor del que la novela es un testimonio. Tres estudiantes encargados de mantener la disciplina del partido le leen la postal:

> En la pequeña sala del secretariado político aquellas frases sonaban de un modo tan horrible que en ese momento sentí miedo y me di cuenta de que tenían un poder destructivo que yo no iba a ser capaz de resistir. Camaradas, era una broma, dije y sentí que nadie podría creerme. ¿A vosotros os hace reír?, le preguntó uno de los camaradas a los otros. Los dos le respondieron con un gesto de negativa.[3]

Ludvik es acusado de reír de manera privada, levantando una pared con la sociedad, y es invitado a dejar de encontrar graciosa su broma, a adoptar el discurso del opresor:

> Empecé a ver las tres frases de la postal con los ojos de aquellos que me habían interrogado; empezaban a espantarme aquellas frases y tenía miedo de que, con la excusa de la broma, evidenciaran algo realmente grave: que yo nunca había llegado a identificarme por completo con el partido.[4]

El sistema opresivo se hace con la voz interior del ciudadano, lo convence de que ha sido poseído por un contrarrevolucionario, un cuerpo extraño que debe ser extraído de su interior para que se pueda reintegrar plenamente a la sociedad, la cual al fin recibirá la contribución del camarada liberado de sus manías incompatibles con el bien común. La desorientación del bromista llega al punto de que las desgracias que le suceden dejan de ser suyas, no le queda ni el consuelo de ser él mismo el responsable de sus penurias:

> mi caída no fue producto de ningún drama real, fui más bien objeto que sujeto de mi historia y no tengo por lo tanto […] de qué enorgullecerme.[5]

Otros regímenes europeos practicaban formas más sibilinas de censura, dejando canales específicos para que fluyera el descontento y no se embalsara en forma de resistencia a la autoridad. Con dialéctica concisión, Vázquez Montalbán definió en 1977 el funcionamiento de la represión y de la censura en la España franquista:

> Característica de las dictaduras es la proliferación de chistes sobre el dictador, como respuesta evasiva popular que el poder instrumentaliza para banalizar la represión que practica.[6]

Cuando Wittgenstein habla de desaparición del humor se refiere a la regulación de la risa y al miedo a transgredir unas reglas que cambian arbitrariamente. En condiciones hipotéticas de libertad, el humor es un bien repartido transversal y equitativamente pues la risa es gratis. La aniquilación del humor en los regímenes como el nacionalsocialista hace que solo se rían los que tienen el toro por los cuernos, o aquellos con olímpica grandeza de espíritu y temeridad a prueba de bomba.

La utopía de una risa libre acompaña al liberalismo político. La libertad de reírse de todo es como la de hablar de todo, una conclusión lógica del rechazo a que alguien decida unilateral y coercitivamente de qué no se puede reír, de qué hay que hablar, qué voces no conviene que escuchemos. En esta utopía de una risa libre y con potencial dañoso atenuado se ríe o no se ríe porque se quiere, no por miedo. Retomando la cita de Wittgenstein, se diría que con esta universalización del derecho a reír de lo que sea se recupera esa cosa más profunda e importante, el juego del lenguaje humorístico que nadie controla de antemano.

NOTAS

1 L. Wittgenstein, *Wittgenstein's Nachlaß,* Cambridge-Bergen: The Bergen Electronic Edition, The Master and Fellows of Trinity College, University of Bergen, 2000, Ms-137, 135a.

2 *Id.*, *Investigaciones filosóficas,* Barcelona, Crítica, 1988, § 23.

3 M. Kundera, *La broma,* Barcelona: Seix Barral, 1984, p. 44.

4 *Ibid.*, p. 53.

5 *Ibid.*, p. 153.

6 Reeditado en M. Vázquez Montalbán, *Diccionario del franquismo,* Barcelona, Anagrama, 2019, p. 27.

ESCUCHAR ABUCHEANDO

«Una de las pequeñas maravillas del mundo». Así describe George Orwell los encuentros en Hyde Park, lugar de libre circulación de opiniones proscritas.[1] Es diciembre de 1945 cuando, a propósito del arresto de cinco personas que vendían revistas anarquistas y radicales, Orwell muestra su preocupación por la indiferencia de la opinión pública ante las detenciones. Es *normal* que la policía actúe arbitrariamente y reprima las ideologías extremistas, afirma Orwell; la violencia estatal tiende inevitablemente a escorarse contra lo que percibe como alteraciones del orden. La salud deliberativa de un pueblo depende de que estos abusos de poder no sean recibidos con pasividad. «La relativa libertad que tenemos depende de la opinión pública. La ley no es una protección».[2]

Puesto que, en Inglaterra, según Orwell, «se puede decir casi todo, y, lo que es más significativo, nadie tiene miedo a manifestar sus verdaderas opiniones en los *pubs,* en el piso superior de los autobuses, etcétera», se puede concluir que la «libertad de expresión es real».[3] La libertad depende más de los usos sociales que de su codificación legal. Sin hábitos de poco sirven las leyes. La democracia exige ciudadanos que conozcan los canales asociativos para participar en la vida política, sepan alzar la voz y no esperen ser siempre escuchados.

La silla, escalera o plataforma a la que cualquiera se puede subir en esa esquina de Londres que llaman *speakers' corner* es un espacio de libertad relativa. No es absoluta, porque la libertad se da siempre en fricción con algo. Si la libertad fuese una sensación, sería la de quien ha vencido una resistencia; la libertad de correr por el bosque se ejerce contra el fango del suelo y las pendientes del terreno. Es relativa también porque quien ahí se acerca con intención declarativa puede decir lo que puede decir y no más, está determinado por lo que se le alcanza a pensar y transmitir.

En las ruedas de prensa aéreas, los Papas de Roma suelen ser tan imprecisos que parecen liberales, como si ahí arriba sus palabras pesaran menos. La caja o la escalera a la que se suben los oradores en esta emblemática esquina también aleja los pies del suelo, dejando los discursos en un limbo de legalidad y responsabilidad. Su potencial subversivo está desactivado, como si contara más la teatralización de la palabra que su poder de infección. El orador no dice estrictamente lo que ha pensado, más bien lo que le viene en gana. Claro está que se pueden escuchar impugnaciones al orden vigente, perspectivas marginales de la realidad, propuestas revolucionarias, y son muchos los que se suben a la escalera con la esperanza de cambiar el mundo, de hacer llegar a los otros un mensaje definitivo, de finalmente conseguir que alguien atienda a lo que realmente importa.

Nadie puede impedir a nadie subir a la escalera o poner una caja en ese lugar, pero eso no garantiza que nadie sea en efecto escuchado ni que nadie logre hacerse oír por encima de los alborotadores que gritan para silenciar a quien habla. La libertad de decir cualquier cosa no implica la de ser oído, ya no digamos la de ser atentamente escuchado. En la tradición parlamentaria del continente europeo los oradores llevan preparados sus discursos que no suelen ser interrumpidos y, si lo son, el presidente o la presidenta de la sala hace de maestro, llama la atención a los desobedientes y se restablece el silencio para que unos hablen, otros aparenten que escuchan, los más piensen en otras cosas y unos pocos negocien acuerdos y «hagan política» sin discursos. El Parlamento cumple así con su función simbólica de escenificar una palabra artificialmente ordenada sobre el bien común. La tradición británica, en cambio, se alimenta del guirigay de voces e interrupciones. El ruido que apenas deja oír lo que se está diciendo es signo de que alguien está escuchando lo que se dice y quiere dejar de hacerlo.

Los alborotadores que cubren con gritos e imprecaciones lo que se dice están practicando una de las formas de escucha. Además, estos abucheos que quieren ser un veto *(heckler's veto)* acaban atrayendo la atención al abucheado, evidenciándose de nuevo la paradójica constitución de la libertad de expresión: la censura amplifica las palabras censuradas.

NOTAS

1   G. Orwell, «Freedom of the park», en https://www.orwe-llfoundation.com/the-orwell-foundation/orwell/essays-and-other-works/freedom-of-the-park/

2   *Ibid.*

3   *Ibid.*

LAS PAREDES DEL RETRETE GLOBAL

En un discurso de 1901, el Kaiser Guillermo II criticó la tendencia del arte moderno de llevar al pueblo hacia las alcantarillas *(Rinnstein)*. El monarca se refería a un arte incipiente que se alejaba de las «leyes eternas de la belleza y de la armonía, de la estética» depravando a las clases más bajas de la población y atentando contra el buen gusto.[1] En esos mismos años la revista *Anthropophyteia* dirigió un equipo de folcloristas, etnólogos y psicólogos para que recogiera y analizara las inscripciones y los grafitis de órganos sexuales masculinos y femeninos, así como de figuras fornicando, en los lavabos públicos de las ciudades centroeuropeas. Su objetivo eran las formas rudimentarias de pornografía (dibujos anónimos en lugares públicos), los chistes soeces y, en general, todas las manifestaciones de lo sexual y lo fecal.

Hugo Ernest Luedecke, uno de los colaboradores, sostenía que las frases chistosas sobre defecación y sexualidad en los urinarios públicos estaban inspiradas por el aire apestoso que influiría en las entendederas de los usuarios llevándoles a redactar textos divertidos e ingeniosos en las paredes.[2] Un tal Friedrich Erich Schnabel, a propósito de las figuras encontradas en las letrinas de Turingia, elucubraba que los motivos escatológicos y sexuales estarían provocados por el placer de vaciar las entrañas y la erección que acompaña a los movimientos intestinales.[3] Aún otro recopilador ponderaba minuciosamente los numerosísimos grafitis homosexuales en los lavabos parisinos.[4]

El redactor jefe Friedrich S. Krauss fue acusado en diversas ocasiones de difusión de material obsceno. Las sentencias que le fueron favorables subrayaban las finalidades científicas de la publicación: el estudio de lo que se reputa inmoral u oculto, la vida íntima, sexual y escatológica de las culturas humanas, no es inmoral pero debe regularse su acceso, algo que hacía la propia revista al anunciarse en sus primeras páginas como destinada solo a «personas doctas», prohibida su venta en librerías y el préstamo público. En el prospecto de uno de los números se advertía incluso de que quedaba «estrictamente excluida de lo público», prohibida su distribución a las mujeres (excepto las doctoras) y su uso no científico.[5]

Freud, que elogió la revista, justificaba la investigación escatológica, en concreto de lo relacionado con lo fecal, porque la represión de las tendencias coprófilas de los niños no es total, quedando restos de ellas en el folclore de todos los pueblos.[6] La vergüenza y el asco que provoca el excremento son transformados por el humor en motivo de una risa que tiene algo impúdico y que, por ello, se despliega más cómodamente en lugares escondidos a la mirada ajena. Las letrinas —lugares íntimos y públicos al mismo tiempo— son terrenos literalmente abonados para el florecimiento de bromas profanas y opiniones políticas que tiran a radicales, pues los burgueses no van con rotulador al baño.

Los retretes se llenaban de dibujos obscenos, de mensajes procaces y de declaraciones de amor secreto, mientras que las caricaturas satíricas homófobas se publicaban abiertamente en las revistas del imperio. Fue célebre en esos años la campaña contra Philipp zu Eulenburg-Hertefeld, uno de los miembros de más alto rango del gabinete de Guillermo II, señalado por su homosexualidad, bastante notoria si bien silenciada. La salida forzada del armario de Eulenburg y de otros notables miembros del círculo cercano al emperador fue atizada por más de 350 caricaturas y chistes políticos en las revistas y diarios de la época.[7]

El agua de las alcantarillas borboteaba por las calles para desprestigio de los homosexuales y en defensa del honor nacional. Las caricaturas denunciaban el nefando vicio al que añadían la perversión de las costumbres y el afeminamiento de los miembros del gobierno, cuestionando la pertinencia de dejar las máximas responsabilidades políticas en manos de hombres poco masculinos. Las caricaturas y el minucioso relato en la prensa durante los dos años que transcurrieron desde las primeras revelaciones hasta las vicisitudes jurídicas de todo el asunto hicieron las veces de juicio paralelo desacreditando de antemano a los acusados.[8] Mientras tanto, las voces discrepantes en el *Eulenburg Skandal* solo se podían expresar en las paredes de las letrinas.

La caricatura y la tira cómica propagan la condena moral acompañándola de la risa satisfecha de quien no se identifica con esas enfermedades. Pero la sátira es ambidiestra y tanto se presta a la denuncia política legítima como se hace portavoz de la mayoría moral. Es el caso, por ejemplo, de las caricaturas que desde 1931 publicó la revista *Vorwärts,* vinculada al socialismo alemán, para escarnecer por homosexual a Ernst Röhm, héroe de la Primera Guerra Mundial y líder de las SA. El ataque al nazi se apoyaba en el rechazo social a la homosexualidad, uniendo así la crítica política al escarnio moralista de los vicios privados.[9]

En las paredes de los váteres se sigue riendo de cualquier cosa con desfachatez e impudicia. La censura nunca es tan fuerte. Qué duda cabe que cuando funciona correctamente se infiltra hasta dentro de las personas, impidiéndoles pensar nada que no sea lo que les corresponde. El espíritu de conformidad, a su vez, contribuye con la censura institucional para uniformizar las costumbres y las opiniones. Sin embargo, no todas las operaciones de censura aspiran a destruir psicológicamente a las personas, ni las que aspiran a hacerlo lo consiguen. Quedan siempre las paredes de los baños que nadie vigila, en donde el usuario se contenta con dejar constancia de que no está solo precisamente ahí donde está solo.

Da que pensar que, hoy, tantas personas se sientan en la taza del váter a hacer sus necesidades mientras navegan por las redes. Ahí de nuevo están en lo más íntimo al tiempo que en lo público. Los muros de palabras e iconos en las redes sociales se aparecen de repente como retretes virtuales. ¿Cuántas personas están rodeadas de sus fétidos gases dándole al *like?* ¿Cuántas interacciones sobre asuntos políticos son inspiradas por el olor de la propia mierda?

1 Wilhelm II, «Die wahre Kunst (18. Dezember 1901)», en E. Johann (ed.), *Reden des Kaisers: Ansprachen, Predigten und Trinksprüche Wilhelms II,* Múnich, DTV, 1996, pp. 99-103.

2 H.E. Luedecke, «Grundlagen der Skatologie», en *Anthropophyteia. Jahrbuch für ethnologische, folkloristische und kulturgeschichtliche Sexualforschungen* IV (1907), pp. 316-328.

3 F.E. Schnabel, «Thüringer Abortinschriften», en *Anthropophyteia* VIII (1911), pp. 406-409.

4 N. Praetorius, «Homosexuelle Pissoirinschriften in Paris», en *Anthropophyteia* VIII (1911), pp. 422-424.

5 «Zur Geschichte der Anthropophyteia-Studien», en *Anthropophyteia* VIII (1911), p. 474.

6 S. Freud, «Geleitwort», en J.G. Bourke, *Der Unrat in Sitte, Brauch, Glauben und Gewohnheitsrecht der Völker,* Leipzig, Ethnologischer Verlag, 1913, p. VI.

7 C. Bruns, «Männlichkeit, Politik und Nation - Der Eulenburgskandal im Spiegel europäischer Karikaturen», en U. Brunotte y R. Herrn (eds.), *Männlichkeiten und Moderne,* Bielefeld, Transcript, 2015, pp. 77-96.

8 J.D. Steakley, «Iconography of a Scandal: Political Cartoons and the Eulenburg Affair», *Studies in Visual Communication* 9(2), 1983, pp. 20-51.

9 Sobre la censura a la homosexualidad, cf. L. Marhoefer, *Sex and the Weimar Republic: German Homosexual Emancipation and the Rise of the Nazis,* Toronto, University of Toronto Press, 2015. Para un acercamiento más amplio a la represión de la sexualidad en Weimar, véase de la misma autora «"The book was a revelation, I recognized myself in it": Lesbian Sexuality, Censorship, and the Queer Press in Weimar-era Germany», *Journal of Women's History* 27(2), 2015, pp. 62-86.

TRES

PARA QUÉ REÍR

Si nada de lo que hace nuestro cuerpo es en vano, ¿para qué sirve reír? El filósofo Herbert Spencer sostuvo que la descarga emocional de la risa tenía consecuencias benéficas en los músculos y las vísceras.[1] Hoy, los expertos del bienestar la recomiendan para reforzar el sistema inmunitario. Es un recurso gratuito y con efectos comprobados en la salud individual y en la paz social. Un libro de chistes recuerda en su contraportada que

> cuando reímos eliminamos bloqueos emocionales y liberamos endorfinas. [...] Una persona que ríe es probablemente un buen ciudadano capaz de sustituir los instintos agresivos por la generosidad de espíritu. Así pues, tanto en beneficio propio como en el de todos, es muy aconsejable cultivar el arte de contar chistes y ver con frecuencia películas cómicas. Su salud se lo agradecerá.[2]

La risa sería un reconstituyente salutífero y su ausencia un síntoma de que algo no marcha bien. Riendo, la persona ve alterada la actividad de las dopaminas y serotoninas. Es una forma de terapia no farmacológica, no invasiva.[3] Sus efectos son colectivos, pues con la risa los humanos crean vínculos más amplios que otros animales. Mientras los simios necesitan el contacto físico para segregar opiáceos endógenos que les provocan placer, cerrando así alianzas, en los humanos esas sustancias se producen gracias a la risa compartida, sin necesidad de tocarse o, mejor dicho, tocándose metafóricamente al reír de lo mismo, multiplicándose el placer por contagio y rozamiento hilarantes.

En la risa se funden el ánimo y el cuerpo, por ello la buscamos y su carencia provoca a la larga fastidio y dolor. La vida de muchas personas es gris, desagradable, exigente, y eso provoca nerviosismo, depresión, malestar general. Puede que las risas o sonrisas que nos ayudan a soportar la cotidianidad sean provocadas por sustitutos de un verdadero bienestar. El ciudadano agotado salta de un carcajeante oasis dopamínico a otro para soportar la travesía de lo cotidiano.

Al reír nos sentimos mejor, realmente mejor, de eso no hay duda. El cuerpo nos da un achuchón, se olvidan las penas, se mira al futuro con más confianza, aunque solo sea durante ese breve instante. Vistas así, la risa y la sonrisa son funcionales a la coordinación social, a la paz en el comercio, al orden. El bufón y el cómico serían entonces cómplices de un engranaje alimentado de risas privadas. El humorista trabajaría para aligerar el paso por el valle de lágrimas, ofreciendo un espejismo de salvación. El revolucionario, quien con todo quiere arrumbar, no se acerca a la Bastilla o al Capitolio partiéndose de risa, si acaso reirá cuando la haya tomado y pueda poner los pies encima de la mesa del patrón. La revolución de las sonrisas ofrece de antemano el consuelo por su impepinable fracaso.

Hay muchos motivos y maneras de reír: se ríe para expresar la superioridad sobre personas o colectivos, se ríe ante la incongruencia, se ríe para no llorar, se ríe porque se alcanza un sentimiento de plenitud, se ríe para estar más cerca de otro que ríe, para sentir la jovialidad que irradia el corazón, etc.[4] Es probable —y aquí me aventuro a diagnosticar sin prueba— que casi todas las risas propiciadas por la interacción con las máquinas inteligentes presentes en las relaciones primordiales del ciudadano, casi todas las risas electrónicamente mediadas que no son el fruto espontáneo del contacto humano, sirvan para algo que no es la mera risa.

Las siguientes páginas no ofrecen una teoría global sobre la risa y su papel social y comunicativo, más bien se centran en la risa que tiene una función política y que es provocada por expresiones verbales y no verbales que, a su vez, son objeto de controversias públicas a propósito de los límites de la libertad de expresión. Caricaturas políticas, obras de arte con intención humorística, artículos con potencial ofensivo: son algunas de las manifestaciones del pensamiento que concentran los debates públicos sobre qué se puede decir legítimamente, qué utilidad tienen las expresiones radicales con potencial ofensivo o qué tipo de reacciones son adecuadas o proporcionadas ante lo que pueda percibirse como ofensa.

1   H. Spencer, «The Physiology of Laughter», *Macmillan's Maga-zine* 1, 1859, pp. 395-402.

2   *1001 Chistes/3,* Barcelona, Terapias verdes, 2011.

3   Sin ningún ánimo de exhaustividad, se hallan referencias al respecto en J.E.Yim, «Therapeutic Benefits of Laughter in Mental Health: A Theoretical Review», *Tohoku Journal of Experimental Medicine,* 2016.

4   Véase la magnífica monografía sobre el humor de D. Le Breton, *Rire. Une anthropologie du rieur,* París, Métailié, 2018.

Algunos bebés son criados por esfinges, progenitores tristes y serios. Personas de rostros impasibles que o no quieren o no pueden sonreír, mover los músculos del rostro que levantan las comisuras de los labios, enseñar los dientes, el interior de la boca, y también arrugar los ojos, cerrarlos un poco. Los niños muy pequeños que chocan con una cara pétrea tienen dificultades para establecer contactos interpersonales. Pueden convertirse en personas gelotófobas, temerosas de las risas y sonrisas de los otros que perciben como amenazas, desacostumbradas como están a asociarlas con el cuidado, el cariño, el amor, la amistad y la cercanía. Cuando los otros ríen, los gelotófobos se sienten excluidos, no saben participar de la jovialidad compartida. Esto no hace más que agravar su ya de por sí complicada situación, pues su extraño comportamiento los hace objeto de aún más risas, estas tal vez sí burlescas o meras llamadas de atención para indicar que no se adecúan a la norma.[1]

No es extraño que los psicólogos usaran a Pinocho para describir al agelasta, pues su cuerpo de leña lo hace rígido y quebradizo, como si se percibiera el dolor tras la máscara de madera.[2] Se trata, sin embargo, de una visión estereotipada del muñeco que poco se corresponde con su flexibilidad, manifestada significa-

tivamente al inicio del libro, cuando se humaniza riendo. Maese Cereza, su primer contacto humano, pasa el
cepillo al tronco para darle forma y este ríe iniciándose
su transfiguración de leño en humano. ¿De dónde pro-
cede esa risa? ¿Qué son las cosquillas? ¿Son mero fruto
del contacto entre dos pieles? ¿O hay algo social en
la concatenación de cosquillas y risas? Si las primeras
risas nacen del tacto, ¿se aprende a reír con la piel?

Los observadores de las cosquillas nos hablan de
intimidad, de interacción cognitiva, de una forma
de juego que permite establecer relaciones entre los
progenitores y los niños y en el que se enraíza la risa
primigenia que luego se buscará en el resto de los juegos. Es, asimismo, una actitud lúdica ambigua, que
provoca dolor y placer, una tortura que sirve para
dominar e intimidar.[3]

Robert P. Provine se inclina decididamente por
considerar que las cosquillas no son solo un reflejo,
son comunicación:

> Las cosquillas son una forma de comunicación no
> verbal entre otros significativos, no un reflejo que
> ocurre con independencia del contexto social. Como
> respuesta innata a un estímulo táctil, las cosquillas tie-
> nen algunas propiedades parecidas a los reflejos, pero
> su complejidad, duración y sociabilidad no son típi-
> cas de los reflejos clásicos como el rotuliano.[4]

Al pasar el cepillo por el tronco, Maese Cereza le hace
cosquillas a Pinocho, que se hace humano admitiendo,
no sin quejarse, que ese contacto que le da forma sea

más una manifestación de cuidado que una intervención dolorosa. Su risa denota que el tronco es en realidad un ser vivo en busca de un vínculo. Pinocho consiente la relación riendo.

Aristóteles sostuvo que los humanos son los únicos seres vivos que ríen. Sin embargo, la observación de los juegos entre animales que incrementan su frecuencia respiratoria cuando interactúan acariciándose y haciéndose algo parecido a cosquillas, ha llevado a algunos etólogos a considerar que estas batallas y la risa que provocan serían formas, informes aún, del humor. La batalla de cosquillas tiene también algo violento —una forma de tacto entre la caricia y el golpe— y al mismo tiempo es una de las formas primigenias de la risa —lúdica y beligerante.

> La incomodidad y el placer provocados por las cosquillas podría contribuir a que los niños desarrollaran habilidades que pueden usar en la defensa y el combate.[5]

En este juego se aprende la autodefensa —el cuchillo—, a resistirse a la agresión y también a controlar el efecto de las cosquillas en uno mismo, a rebelarse contra un cuerpo que va por su cuenta y se agita con vigor convulsivo no lejano a los movimientos sexuales. Los cosquilleos entre adultos también se usan en los juegos previos a la relación sexual, lo cual nos indica de nuevo que hay una forma de risa y de sonrisa relacional que, como el sexo, se da prevalentemente en espacios íntimos.

El dudoso Aristóteles de los *Problemas* afirma que los sujetos no pueden cosquillearse a sí mismos, porque está ausente el elemento de sorpresa. Para sentir cosquillas se necesita a otro, alguien de carne y hueso preferiblemente. No se accede a la risa en soledad. Puede uno satisfacerse sexualmente con el tacto, pero no logrará hacerse cosquillas, no logrará que sea su cuerpo quien lo lance a la risa incontenible, deberá ponerse en manos de su imaginación o de una persona cercana.

NOTAS

1   M. Titze, «Gelotophobia: The fear of being laughed at», *Humor* 22(1/2), 2009, pp. 27-48.

2   A. Sellschopp-Rüppell y M. von Rad, «Pinocchio —a Psychosomatic Syndrome», *Psychotherapy and Psychosomatics* 28(1/4), 1977, pp. 357-360; M. Titze, «The Pinocchio Complex: Overcoming the Fear of Laughter», *Humor & Health Journal* V(1), 1996.

3   S. T. Selden, «Tickle», *Journal of the American Academy of Dermatology* 50(1), 2004, pp. 93-97.

4   R. R. Provine, *Curious behavior: Yawning, laughing, hiccupping, and beyond,* Cambridge, Harvard University Press, 2012, p. 165.

5   C. R. Harris, «The mystery of ticklish laughter», *American Scientist* 87(4), 1999, p. 344.

DESOBEDIENCIA INFANTIL

La historia de Pinocho se abre prometiendo en broma la historia de un rey que en realidad es un tronco destinado a calentar a las familias en el fuego del hogar. El carpintero Maese Cereza se dispone a sacar del leño la pata para una mesa. Apenas se apresta a darle forma, el madero se resiste en tres frases. Sus primeras palabras reaccionan al hacha que está a punto de caer sobre él: «¡No me pegues tan fuerte!», dice una vocecita. Maese Cereza cree que es una alucinación y le da un hachazo, al que el tronco responde gritando: «¡Eh! ¡Me has hecho daño!». Esta segunda intervención deja estupefacto al carpintero que tarda algo más en reponerse, hasta que se autoconvence de que no ha oído nada, pues es incapaz de atribuir vida a la madera que tiene delante. Agarra, entonces, el cepillo y se lo pasa provocando que la vocecita exclame riendo: «¡Para! ¡Me haces cosquillas en el cuerpo!».[1]

Pinocho, aún en forma de leño, desconcierta a Maese Cereza, involuntario comadrón, que se alegra de deshacerse de él cuando al poco aparece providencialmente Geppetto buscando madera para construir un títere. Tras el trauma del nacimiento a base de hachazos, la incisión de las gubias de Geppetto ya no es dolorosa, pues el leño quiere ser un títere, un niño. Recibe con entusiasmo enloquecido cada uno de los dones que Geppetto esculpe sobre él: los *occhiacci di legno*, la nariz que no para de crecer y la boca que estalla a reír causando que Geppetto le dirija la primera reprimenda: «¡Deja de reír! [...] ¡Deja de reír, te repito!» (cap. III).

El viejo repite dos veces la prohibición ante el milagro que ha producido su artesanía.Y Pinocho ríe porque no sabe qué otra cosa hacer con las emociones del nacimiento, más que expulsarlas en la forma liberadora de la carcajada. Pero su risa es también burlona y desafiante, antiautoritaria. Quería Collodi aleccionar a los niños y las niñas para que se portaran bien, como si se tratara de una fábula moral. El proyecto se le va de las manos a medida que lo publica por entregas, encumbrando progresiva y compasivamente al niño díscolo. Lo exculpa porque sus travesuras son su manera de resistirse a que le den forma.[2] El didactismo del cuento se convierte en una parábola sobre la brutalidad de las coerciones sociales. Tras abandonar la pretensión didáctica y moralista, la narración soporta la tirantez entre la necesidad de educar y la imposibilidad de hacerlo sin violencia.

El títere deja de reír, pero no obedece; saca la lengua y empieza su vida de travesuras robándole la peluca al pobre Geppetto. Una vez le esculpa las piernas, Pinocho saldrá corriendo, huirá del hogar embriagado de una libertad que solo sabrá ejercer metiéndose en mil y un problemas, sufriendo todas las penurias imaginables. A partir de este momento, Pinocho reirá poco y de manera desafiante o desesperada. Los otros, en cambio, «ríen, ríen, ríen» del títere que se opone a que le den forma al tiempo que reitera sus propósitos de enmienda.

Una casa sin travesuras de los niños es un mausoleo, también dice eso Collodi. El niño travieso ríe y se le escapa la risa cuando es recriminado, porque con ese acto el adulto reconoce la existencia de la chiquillada, le da importancia, de igual modo que el artista de la provocación necesita que haya alguna forma de represión para que su obra cumpla con el efecto deseado. Reirán luego también los adultos, que, en nuestros tiempos posautoritarios, se toman medio en broma su función educadora pues creen que con sentido del humor el asunto de la crianza se hace más llevadero. Esta risa doméstica aspira a ser una relación a secas, mientras que muchas risas en el patio del colegio, en ese otro patio de colegio que son las redes sociales y en las pantallas públicas y privadas, subrayan y exacerban relaciones de poder.

Así ríe la gente de Pinocho, de su ingenuidad, de su estrambótica naturaleza y de sus penurias. El niño que no quiere que le den forma, que querría vivir a sus anchas, haciendo de la fantasía realidad, provoca las risas burguesas. Son risas didácticas que censuran unos comportamientos y prescriben otros.

En la historia de Pinocho se muestra la ambivalencia de la risa: la jovialidad se aguanta en el filo de la violencia y el menosprecio. El niño-títere ríe ante la violencia del hacha; las burlas del tronco parlanchín causan una pelea entre Maese Cereza y Geppetto; los compañeros de escuela lo ridiculizan y engañan; la gente por la calle se desternilla viéndolo correr desorientado. No hay una risa límpida, solo risas que llaman al orden o que se resisten a él.

Cien años más tarde, cuando el antiautoritarismo de Pinocho se haga norma, Pippi Calzaslargas será la heroína sin otra forma que la que se da a sí misma. Su emancipación prematura ridiculiza la normalidad. Al contemplar a la niña subversiva, el espectador pequeñoburgués abre mucho los ojos y se tapa la boca abierta con la mano: hace la mímica de quien ríe, pero al mismo tiempo detiene la acción con la mano, ocluyendo el órgano emisor de la carcajada, indicando así que su propia risa lo escandaliza. No sorprende que cuando se transmitió la adaptación televisiva de Pippi, en el 68, llovieran las críticas por incitar comportamientos anárquicos en los menores. Pero el índice levantado de estos severos críticos no puede hacer nada: Pippi sigue riendo desde la pantalla, porque quiere ser tomada a broma. Mejor dicho: verla como broma es la interpretación correcta. Tomarse las cosas a cachondeo, vivir como si todo fuera mentira, es una actitud moderna que se estabiliza en la era de lo electrónico. Este imperativo de ser casi siempre insoportablemente ligeros es una de las pocas cosas serias vigentes, a juzgar por el papel preferencial que desempeñan los mecanismos de la risa en la interacción social. Igual que los episodios de *Peppa Pig* acaban con toda la familia riendo alegremente, también los telediarios cierran con una buena noticia que levante los ánimos de la gente. Quien así ríe, abandona su forma humana, se hace títere, como un Pinocho talludito que decidiera volver a ser un trozo de madera, listo para reír ante el hacha que lo partirá en dos.

NOTAS

1   Uso la espléndida edición de Giancarlo Alfano: C. Collodi,
Le avventure di Pinocchio, Milán, BUR, 2022.

2   A propósito de la «fuga de la forma», cf. G. Alfano, «Pinocchio, ovvero l'ostinazione dell'incompiutezza», *K. Revue trans-
européenne de philosophie et arts* 5(2), 2020, pp. 11-22.

APRENDER A (NO) REÍR

Para Freud en el placer del chiste se perciben ecos «del estado de ánimo de nuestra infancia, en la que no conocíamos lo cómico, no éramos capaces del chiste y no necesitábamos del humor para sentirnos felices en la vida».[1] También Bergson busca «en los juegos que de niños nos distrajeron el esbozo de las combinaciones que causan risa en el ser humano».[2]

La risa de los niños es genuina. El adulto, en cambio, se relaciona ambiguamente con su cuerpo: lo *tiene* o lo *es*. ¿Es su risa una gestualidad que lo posee haciéndole batir las mandíbulas contra su mejor consejo? ¿O es una manifestación falsa, en todo igual a una supuestamente genuina pero lanzada estratégicamente por la mente hacia el cuerpo, una risa mental y voluntaria, no corporal? Dado que no dispongo de las herramientas para aclarar tan compleja cuestión, ni creo que sea posible encontrarlas, sugiero acercarnos al fenómeno como acto más social que fisiológico.

Las sonrisas tienen la función de facilitar la interacción y de mostrar respeto, interés, proximidad. Pueden ser motivadas por el encuentro con un amigo —sonrisas teatrales pero sinceras— o porque en ese momento toca hacerlo por cortesía o para facilitar la interacción. La cordialidad, término en el que late el campo semántico del corazón, se da gracias a una coordinación gestual que acerca al otro. También la sonrisa falsísima y calculada de la hipocresía emula el contacto. Obviamente, como se repite en el mundo del *marketing* y del empresariado del yo, la sonrisa también acerca las manos de quien la emite a los bolsillos del otro, pues la vecindad puede ser provechosa.

La risa espontánea es objeto de control cuando su manifestación no es deseable ni adecuada. ¿Qué hacer con la risa incontenible que se escapa como el gas de una olla a presión por sus juntas envejecidas? El padre amonesta a la hija y a esta se le escapa la risa, «¿de qué te ríes, niña?». Quien ríe así, no puede evitarlo, como las lágrimas que brotan casi siempre de manera espontánea y le cortan la palabra a quien quiere hablar. Esta risa posee al agente, lo vence, es risa-pasión con vida propia que se afirma con más fuerza cuanto más inapropiada es. Cuanto más serio se pone el maestro o la madre, más difícil resulta contenerla. El niño ríe porque no puede reír.

«El primero que ríe pierde». Los niños se miran fijamente y hacen payasadas o muecas estrambóticas para provocar la risa del otro. El juego tiene algo paradójico, pues los participantes están deseando que alguien ría y pierda, para que todos puedan reír, pues ese es, a fin de cuentas, el premio de lo lúdico en general. Asociamos el juego con una sonrisa, pasar un buen rato que irá acompasado por cristalinas risotadas. Risas que tal vez vayan manchadas de desprecio, de superioridad, de la agresividad que estaría presente en toda risa, pero que son vividas como momentos de plenitud, cuando la calidad del aire, la luz, la mirada del otro, y la sensación corporal, todo apunta en una dirección placentera manifestada expulsando aire con la intensidad específica de la risa, dejando que sean los pulmones y la agitación del cuerpo quienes hablen en nuestro nombre.

El juego de aguantarse la risa posterga el instante liberador. Es un breve *impasse* masoquista para aumentar el goce, aplazándolo con un efecto socializador, pues los participantes aprenden a no reír y a divertirse no riendo. Con este fin, deben mirar solo en su interior, no dejarse afectar por las bufonadas del compañero, abandonarlo y concentrarse en evitar la rebelión del cuerpo. Aprende así el futuro ciudadano que algunas de sus funciones corporales que parecen tener vida propia y un mecanismo plenamente desgajado de su voluntad pueden ser domesticadas, controladas, o, como se dice hoy, gestionadas. Debe disciplinar el cuerpo para que no lo traicione en las interacciones sociales, fiscalizar policialmente la emisión pública de ventosidades, cubrir sus olores corporales para no ofender la nariz de los otros, ocultar las entrañas. La risa corre por vías semejantes; se civiliza, canaliza y optimiza. Vivir en sociedad es adecuarse a los espacios apropiados para reír.[3]

NOTAS

1   S. Freud, *El chiste y su relación con el inconsciente,* Madrid, Alianza, 1969, p. 215.

2   H. Bergson, *La risa,* Madrid, Espasa Calpe, 1986, p. 62.

3   Esta disciplina de la risa obedece también a patrones de género, siendo las reacciones del rostro femenino objeto de una
regulación social más intensa. Un magnífico estudio al respecto
es el reciente libro de S. Melchior-Bonnet, *La risa de las mujeres.*
Una historia de poder, Madrid, Alianza, 2023.

LA DUDOSA AUTENTICIDAD DE LA RISA

No sabemos si los antiguos romanos reirían con nuestros chistes, ni si en general la risa se manifiesta de manera idéntica en todos los tiempos y lugares.[1] Algunos chistes de vecinos extranjeros son incomprensibles si no nos los explican, no basta que nos los cuenten; igualmente la risa y las bromas de otros tiempos no son transparentes. Cualquier teoría sobre la risa es probable que tenga solo una validez limitada a su contexto histórico y cultural. Todos los humanos ríen, pero ni ríen de lo mismo ni ríen igual, ni *significan* siempre lo mismo cuando ríen.

La expresión de la risa moviliza muchos músculos del rostro. Si aquello que la provoca es de una intensidad moderada, los ojos se contraen menos, no aparecen exhalaciones espasmódicas ni brotan lágrimas. ¿Se transparenta la autenticidad de la risa en el rostro? Darwin buscó en las reacciones musculares de la risa aquellas que revelarían el movimiento anímico interior.

Más de una vez me he fijado en la cara de una persona tras un paroxismo de risa violenta, y he visto que los músculos orbiculares y los que llegan hasta el labio superior estaban parcialmente contraídos, lo cual, junto con las mejillas manchadas de lágrimas, daba a la mitad superior del rostro una expresión indistinguible de la de un niño lloriqueando de pena.[2]

Cuando no se da esta fuerte contracción de los músculos orbiculares de los párpados inferiores ni tampoco la curvatura del labio superior ni el fruncimiento del ceño por acción del músculo superciliar entonces podemos estar frente a una risa fingida, concluye.

Sean cuales sean los músculos que el cerebro mueva, hay una gramática social previa que prescribe los tiempos y las formas de su despliegue. La risa falsa es falsa, pero la que no es falsa no es siempre genuina, puede ser instrumental, operacional, como una llave para abrir según qué puertas.

Tomo la risa como lenguaje, como una forma de expresarse, de decir algo sin palabras, como un ademán de las manos o un rictus facial.[3] Desde una perspectiva de pragmática del lenguaje, el sentido de nuestra habla depende tanto de su referencia semántica como del contexto social, las circunstancias concretas, los rictus del rostro y las sonrisas y risas con las que se pauta el intercambio, con una cadencia bien conocida por los diversos emisores-receptores.[4] A diferencia de ruborizarse, toser o estornudar, la risa «puede ser desencadenada voluntariamente con más facilidad que las reacciones especialmente sometidas al sistema simpático y parasimpático».[5] La risa no es como el hipo, la tos o el estornudo, que si acaso tendrían un significado o una procedencia inconscientes. De modo que, si puede ser desencadenada, también puede ser modulada (más alta, más estridente, más servil, más sardónica), lo cual nos llevaría a cuestionar la afirmación de Plessner de que «risa y llanto no están en el mismo estrato que el lenguaje».[6]

También los mensajes en las aplicaciones de mensajería sustentan la tesis de que la risa es lenguaje y que por tanto se puede articular intencionalmente: los emoticonos de caras sonrientes, así como los «jajaja» con que se inician o cierran los mensajes son signos comunicativos, el correlato diacrónico y virtual en las redes de las risas y las sonrisas en las comunicaciones sincrónicas y presenciales.[7]

Las teorías que no enfatizan la vertiente comunicativa de la risa la explican como una manifestación del cuerpo que se sobrepone a la voluntad del individuo. En esto la risa se parecería a la sexualidad cuando la excitación mental y anímica neutraliza y desactiva la racionalidad y la prudencia. Estas energías que somos nosotros, y al mismo tiempo no somos, pueden ser estimuladas sin freno, como hace la industria de la información virtual saturada de pornografía y *memes,* dirigida a esas partes del cerebro que llevan a este a subordinarse a las pleitesías del sexo y a las contracciones y expansiones de la risa.

Las risas indudablemente falsas son muchas de las que nos parecen espontáneas, como las que provocan las comedias televisivas, inducidas por las risas enlatadas que acompañan a los chistes, siendo, pues, la presencia de una risa previa la que causa la posterior risa supuestamente espontánea de quien cree que está reaccionando a la broma. Lo mismo sucede cuando quien cuenta un chiste estalla a reír justo después de contarlo, cosa que, aunque solo sea para no dejarlo solo, provoca las risas de los otros que no solo pueden eventualmente encontrar gracioso lo dicho, también ríen por contagio o por compasión de sí mismos en el caso de que no hayan entendido el chiste y no quieran parecer lerdos. De hecho, suele pasar que solo quien cuenta el chiste lo entienda y que los otros rían para aparentar que lo han entendido.

Desde una perspectiva política, como la que aquí intento, nos interesa la que llamo «risa falsa»: una risa que nos vincula socialmente y que podemos no emitir. Igual que callamos a voluntad también podemos no reír a voluntad, poner cara de palo a pesar de que las circunstancias invitan a que riamos o sonriamos. Nótese que la acción de contener una carcajada por motivos morales se inicia con la irrupción de esta desde el cuerpo, desgajada de la voluntad. Tal carcajada puede estar provocada, por ejemplo, porque lo que se ha oído a uno le ha parecido, como se suele decir, «muy bestia» o «pasado de vueltas», una broma que ha transgredido alguna norma social o costumbre asentada o que tiene como objeto a alguna persona que se caracteriza precisamente por no querer que se rían de ella. Pero la carcajada, en el supuesto de que tenga la irrefrenable energía del cuerpo y se dé en un contexto en el que al agente no le conviene que se transparente (o bien porque otros lo despreciarán por reír o bien porque considera moralmente inapropiado hacerlo), es detenida y sustituida por un rictus de seriedad. La risa así sofocada es un viaje de ida y vuelta parecido al que se da con la tolerancia.

Es «una especie de *gesto social*».[8] Para Bergson la risa sirve para censurar a quien no es lo bastante flexible para vivir en sociedad: se ríe para reconvenir a quien no se comporta como se espera de él. Riendo se invita a los miembros a adaptarse al orden social y se corrigen las disonancias.

> Es necesario que cada uno de sus miembros esté atento a lo que le rodea y se moldee de acuerdo con el entorno, evitando, en suma, encerrarse en su carácter como en una torre de marfil. Y por eso la sociedad hace que sobre cada cual se cierna, si no la amenaza de una corrección, al menos la perspectiva de una humillación que no por ser ligera resulta menos temible. Esta debe ser la función de la risa. Siempre un poco humillante para quien es objeto de ella, la risa es verdaderamente una especie de novatada social.[9]

La función de la risa es «intimidar humillando. No lo conseguiría si la naturaleza, con ese fin, no hubiese dejado en los mejores hombres un pequeño fondo de maldad, o al menos de malicia».[10] O dicho con más acidez: «cuando la risa no se origina en las cosquillas, estén ustedes seguros de que responde a la burla».[11]

Si la risa es un fenómeno psíquico que puede ser activado a voluntad y por tanto es una expresión intencional análoga a la palabra, no cabe esperar de ella una autenticidad mayor de la que se da en las palabras. Quien la emite quiere *significar* algo. Toda risa, salvo la que procediera enteramente del cuerpo, es risa falsa, intencional e intencionada. Ciertamente no se puede reír siempre a voluntad y, para forzarse a ello, como sucede en los encuentros de risoterapia, es necesario empezar a reír sin ganas hasta que el individuo es vencido por la risa y ya no ríe porque quiere —a pesar de que en un principio quería reír, como lo demuestra que se haya apuntado al curso en cuestión— sino porque se ha desencadenado el mecanismo de la risa.

La risa se entiende en un contexto social, por tanto, se declina también dentro del ámbito de la ética. Se enseña a los niños a no reírse de algunas cosas, por ejemplo, de otro niño que se ha caído y se ha hecho daño, y con ello se les enseña también a quejarse cuando alguien se ríe cuando él o ella se cae. La risa, pues, puede ser ilegítima, no socialmente aceptable. Hay maneras de reír y de fingir la risa que se permiten y se alientan y otras que se prohíben y se castigan.

NOTAS

1   M. Beard, *Laughter in Ancient Rome On Joking, Tickling, and Cracking Up,* Oakland, University of California Press, 2014.

2   C. Darwin, *The Expression of the Emotions in Man and Animals,* Nueva York, D. Appleton & co, 1899, cap. VIII.

3   Así lo sostienen también algunos lingüistas. Cf. J. Ginzburg, C. Mazzocconi y Y. Tian, «Laughter as Language», *Glossa: A Journal of General Linguistics* 5(1), 2020, pp. 1-51.

4   A. Wierzbicka, «The Semantics of Human Facial Expressions», *Pragmatics & Cognition* 8(1), 2000, pp. 147-183 above all, experiential. 6; S.K. Scott *et al.*, «The Social Life of Laughter», *Trends in Cognitive Sciences* 18(12), 2014, pp. 618-620.

5   Helmuth Plessner, *La risa y el llanto. Investigación sobre los límites del comportamiento humano,* Madrid, Trotta, 2007, p. 46.

6   *Ibid.*, p. 45.

7   C. Petitjean y E. Morel, «Hahaha: Laughter as a Resource to Manage WhatsApp Conversations», *Journal of Pragmatics* 110, 2017, pp. 1-19.

8   «Por el temor que inspira, reprime las excentricidades, mantiene constantemente despiertas y en contacto recíproco algunas actividades de orden accesorio que correrían el riesgo de aislarse y de adormecerse, y hace que se vuelva ágil toda la rigidez mecánica que pudiera quedar en la superficie del cuerpo social. La risa [...] persigue un fin útil de perfeccionamiento general». H. Bergson, *La risa, op. cit.*, p. 27.

9   *Ibid.*, p. 113.

10 *Ibid.*, p. 159.

11 J. Fuster, *L'home, mesura de totes les coses,* Barcelona, Edicions 62, 1967, p. 65. Agradezco la cita a Mercè Rius.

QUIEN RÍE EL PRIMERO

strangeness is a thing which wears off
John Stuart Mill[1]

Bastó que John Stuart Mill entrara en política en 1865 para que su reputación como filósofo y el respeto social del que gozaba se transmutaran en ridiculizaciones. Los diarios de sesiones en el Parlamento recogen las risas que acompasaron cual bajo continuo sus intervenciones a favor del sufragio para las mujeres propietarias. En los tres años que duró su breve carrera política, la prensa satírica del momento se cebó con el filósofo, caricaturizándolo vestido de mujer y enfatizando su feminidad.[2] Uno de los obituarios publicados tras su muerte en *Saturday Review* sostuvo que «algo femenino en su constitución mental impidió el equilibrio de su juicio».[3]

En su discurso en la sesión del 17 de julio de 1866, en el que cuestionaba la racionalidad de los criterios para excluir a las mujeres propietarias del derecho a voto, las risas salpicaban sus palabras, llegando al máximo cuando uno de los parlamentarios comentó que, si su padre, el también filósofo James Mill, aún viviera, le recomendaría que dejara de preocuparse por el destino de las mujeres y se mantuviera más atento a los votos.[4]

Más risas aún provocó su discurso del 20 de mayo de 1867. Si bien sus argumentos fueron escuchados con respeto a medida que los desplegaba, bastó que finalizara para que los comentarios de los parlamentarios fueran más jocosos que centrados en el mérito del argumento. Las risas expresaban una resistencia y ratificaban la tesis presentada por Mill: que si estas propuestas no encontraban otro eco que la burla era porque eran contrarias al sentido común. Ante la novedad se ríe para no entender. Hay ciertamente innovaciones merecedoras de carcajadas, pero por lo general la risa expresa resistencia al cambio, es enemiga de la utopía.

En el debate sobre la modificación legal que aumentaba el sufragio electoral, Mill propuso la sustitución del término *man* por *person,* con la finalidad obvia de incluir en el censo a hombres y mujeres. Los caricaturistas del momento, cual perros filósofos que saben distinguir al amigo del enemigo, mordieron el cebo.

Las bromas a propósito de sus intervenciones parlamentarias no desalentaron a Mill, que en su correspondencia se mostraba confiado. Celebraba que el debate hubiera puesto en circulación sus ideas. Las bromas hirientes normalizan el asunto, aun cuando pretenden solo escarnecer y ridiculizar. Las ridiculizaciones son un primer síntoma de debilidad. Así lo refrenda el tono profético con que concluyó su discurso: «si la opinión general fuera que [las mujeres] deberían tener ese derecho, entonces lo tendrán».[5]

Con sus palabras, Mill quiere contribuir al cumplimiento de la profecía feminista. Así lo vemos en una carta a Samuel N. Wood, un político de Kansas, en la que le transmite la alegría inmensa por la enmienda a la constitución de este estado norteamericano que abolía los privilegios para hombres y para blancos: un signo del «progreso social y moral que se abre ahora para la humanidad».[6] O lo que le escribe al economista John Elliott Cairnes un mes después de su intervención parlamentaria: «es verdaderamente asombroso de qué modo *la opinión correcta* se extiende entre las mujeres y los hombres desde el debate».[7] Ese verano se suceden sus cartas a personalidades prominentes de la sociedad británica como Herbert Spencer y Florence Nightingale, para involucrarlos en una sociedad destinada a promover el voto de las mujeres. Mill empuja, laboriosamente dispuesto a acelerar los cambios por venir.

No todos los precursores de la humanidad tienen la confianza de interpretar las ridiculizaciones de las que son objeto como demostraciones de impotencia ante lo que más pronto que tarde debe suceder.[8] Si al fin la «opinión correcta» sobre la igualdad política de hombres y mujeres ha cuajado en la ley y en los usos europeos es porque las risas de quienes se resistían se volvieron ellas mismas ridículas. Y, sin embargo, abundan hoy nuevos líderes fascistas a quienes no arredra el ridículo y bromean a la antigua para parecer así —paradojas de la posverdad— más libres.

NOTAS

1   J.S. Mill, «The Admission of Women to the Electoral Franchise (20 May, 1867)», en *Public and Parliamentary Speeches. No-*

vember 1850-November 1868. Collected Works of John Stuart Mill (Vol. XXVIII), Toronto, University of Toronto Press/Routledge, 1988, p. 153.

2   Para una exhaustiva presentación de las caricaturas y de las reacciones públicas a su actividad política véase la tesis doctoral de D.J. Hookway, «The John Millennium: John Stuart Mill in Victorian Culture», University of Exeter, 2012 [https://ore.exeter.ac.uk/repository/bitstream/handle/10871/8343/HookwayD.pdf?sequence=1&isAllowed=y].»plainTextFormattedCitation»:»Demelza Jo Hookway, "'The John Millennium': John Stuart Mill in Victorian Culture" (University of Exeter, 2012).

3   Cit. en *ibid,*. p. 104.

4   J.S. Mill, «Electoral Franchise for Women (17 July, 1866)», en *Public and Parliamentary Speeches. November 1850-November 1868, op. cit.*, p. 92. Defendía Mill en su intervención que las mujeres propietarias tuvieran también el derecho a voto. Ciertamente su estrategia fue criticada por las olas feministas sucesivas, por considerarla demasiado poco ambiciosa, pues condicionaba la libertad política a la propiedad. Tenemos buenos motivos para pensar que la actitud de Mill al respecto fue más bien de pragmatismo, convencido como estaba de que faltaban aún muchas etapas hasta una más plena igualdad. Cf. E.L. Pugh, «John Stuart Mill and the Women's Question in Parliament, 1865-1868», *Historian* 42(3), 2007, pp. 399-418.

5   J.S. Mill, «The Admission of Women to the Electoral Franchise (20 May, 1867)», *op. cit.*, p. 162.

6   Id., *The Later Letters of John Stuart Mill 1849-1973. Collected Works of John Sutart Mill (Vol. XVI)*, Toronto, University of Toronto Press - Routledge, 1972, p. 1279.

7   *Ibid.*, p. 1284 (énfasis añadido).

8   J.M. Robson, «Mill in Parliament: The View From the Comic Papers», *Utilitas* 2(1), 1990, pp. 102-143; A. Robson, «No Laughing Matter: John Stuart Mill's Establishment of Women's Suffrage as a Parliamentary Question», *Utilitas* 2(1), 1990, pp. 88-101.

Liberado de la cárcel, Pinocho se dirige a casa del hada y, cómo no, encuentra un nuevo obstáculo: una serpiente le impide el paso. Creyéndola dormida, el títere intenta superarla justo en el instante en que se aúpa como poseída por un muelle. Pinocho cae de cabeza en el barro, solo se ven sus piernas de madera agitándose en el aire.

> A la vista de esa marioneta que movía las piernas a una velocidad increíble, la serpiente tuvo una tal convulsión de risa que rio, rio, rio, y al fin se le rompió una vena del pecho: y esa vez murió de verdad. (cap. xx)

La serpiente, que parecía feroz y peligrosísima, muere de risa al ver al títere atrapado cabeza abajo. Incontenible es esa risa, pues en caso contrario la pulsión de vida se habría impuesto, neutralizándola. La causa de esta poderosísima y letal convulsión es la incongruencia de la vicisitud, la alteración de las dimensiones. Además, Pinocho queda expuesto, indefenso, reducido al meneo de sus patas. Situación risible porque ridícula.

La serpiente pierde su ferocidad y muere derrotada por la ridiculez del muñeco. Pinocho no lo ha calculado; lo salva el imprevisto y, por una vez, las risas que provoca no lo perjudican. Esta risa que estalla desde dentro no admite resistencia. En el extremo, el cuerpo se rebela y se destruye a sí mismo riendo. La risa es vigorizante, pero cuando se expande sin mesura, se enseñorea del cuerpo agitándolo violentamente, cual títere sin cabeza, hasta el colapso final. La cabeza transmite el chiste al sistema nervioso que se independiza, toma el mando y anula la voluntad.

Monty Pyhton también hizo un chiste sobre un chiste que mata de risa y se cuenta que algo parecido le pasó a un audiólogo danés que en 1989 sucumbió de hilaridad mientras veía la comedia *Un pez llamado Wanda*. La muerte literal de risa es un caso médico muy raro que suele ir acompañado de alguna patología respiratoria o cardíaca. Más habituales son los síncopes gelásticos, breves desmayos sin complicaciones, descritos en textos especializados como «síncopes Seinfeld», pues se dieron en uno que tras un *gag* de George Costanza se desplomó sobre su plato de albóndigas.[1]

Estas risas que atrapan al sujeto y lo dinamitan desde dentro no son habituales, porque la inteligencia de los cuerpos contiene sus propias expansiones y detiene las que amenazan la continuidad de la vida. El poder invasivo de la risa es otro: la risita inducida por los medios de comunicación y la industria del entretenimiento. Algo así diagnóstico Neil Postman en la década de 1980 a propósito del cambio de paradigma informativo de los medios impresos a la televisión. Lo que nos matará, según Postman, es lo que nos gusta, no lo que odiamos. La distopía de Huxley es más acertada que la de Orwell para describir nuestro mundo.[2] A base de risas se puede alimentar a una población. Qué otra cosa es razonable pensar vista la inexistencia de espacios libres de risa, salvo la iglesia o el juzgado, y ni siquiera. Se ríe en las aulas, en la televisión, en las redacciones de prensa, en los parlamentos, dando por supuesto que está bien descomprimir las tensiones, relajarse de vez en cuando, dejar la solemnidad de lado, descansar de la gravedad. No hay emisora de radio que no inunde las ondas de humoristas y casi no quedan periodistas que no hayan sido previamente cómicos, imitadores, guasones. Los noticieros son islas de seriedad entre océanos de programas de entretenimiento que le dan la vuelta a la agobiante circunspección que los ha precedido. El oyente pasa de la angustia de noticias en las que se habla de violencia, fin del mundo, crisis, guerra, inseguridad, precariedad e incertidumbre, a chistes y banalizaciones seriales de tanto desastre. Es invitado, incitado, empujado a tomar en broma lo serio, pues la risa, poderosa en la economía de la psiquis, nivela la desesperación del noticiario, llevándola a un nivel soportable, cuando no hace desaparecer completamente lo serio, que tan serio no será si los mismos que informan son los que luego minimizan.

Tanta risa enlatada y plastificada es coetánea de la pérdida de autoridad de los medios de comunicación. La jerarquía cognitiva se va a la porra hasta que se sospecha más de las personas serias que de las que buscan la sonrisa. Cuando se acaba la noticia, cuando ya no hay que poner el radar para buscar *fake news*, cuando llegan las risas, empieza la hora de la verdad: el humorista con su ironía, chanzas y campechanía puede decir las cosas como son, sin respetar la frialdad de los informadores profesionales. Quien hace reír adquiere una autoridad que el circunspecto nunca alcanzará, salvo que sepa convertir su circunspección en motivo de chiste. La audiencia potencial del humorista se sentirá más reconfortada con la apariencia de sinceridad de las bromas que con cualquier sesuda reflexión.

Las autoridades y todo aquel cuyo trabajo dependa de la popularidad están interesados en aparecer en los noticiarios de broma para darse a conocer usando el empuje electoral del humor. Lo observa Rafael Argullol a propósito de las risas de los políticos: «Antes del sentimentalismo televisivo, un gran hombre no tenía por qué tener debilidades y risas fáciles».[3]

No es raro que los programas de sátira política se conviertan en fuente de información de la ciudadanía. Los noticiarios se colonizan con estrategias comunicativas propagandísticas, humorísticas, con imágenes y chirigotas varias para hacer más digerible la dosis de horror cotidiano. Redes sociales y servicios de mensajería *online* alternan chistes y bromas que oscilan entre la ligera indiferencia y la indignación, entre la desinformación y la manipulación.

El espectador tiene derecho a reír. Todo puede ser motivo de risa. Ríen los telespectadores a la mínima alusión; tan predispuestos están que ríen hasta cuando no toca, aunque lo cierto es que ha desaparecido un criterio objetivo de lo irrisible. Bajo este prisma, la vida en sociedad parece una broma de mal gusto. Si nos preguntamos, aunque solo sea para no parecer tontos, a quién puede beneficiar esta deformidad risible, no tardamos en imaginar la risa desdeñosa y soberbia de alguien que acumula bienestar. Ríe el pueblo y ríe quien gana dinero con casi todas las risas.

Para los alegres celebradores de la hilaridad, los serios son aguafiestas, sosos, amargados, cascarrabias, cenizos, gruñones, a los que se les grita «alegría, alegría» desde las gradas, porque el público quiere aún otro chiste, otra broma antes de que caiga el telón. Qué hartón de reír, qué gustazo. La risa equivale a un buen plato de comida, uno se harta a reír, mientras que el serio agua la fiesta, es frugal y sobrio, duerme peor.[4] La risa sería exuberancia; la seriedad, tacañería, estreñimiento, represión del derroche energético. Pero en realidad no es así, porque esta división presupone que quien ríe lo hace descontroladamente y que es necesario un esfuerzo para no reír.

El éxito de la cultura de la caricatura es conseguir que la risa sea vista como algo liberador, mientras que el rigor de la seriedad sería una actitud de contención y represión de emociones positivas. Que la expectativa de los lectores de periódicos, de los paseantes por la aldea informativa global o del que pasa las horas en la zona mental del *zapping* sea la de reír, es un éxito de la caricaturización del pensamiento en general, de la fealdad de las ideas políticas, de la simplicidad que ha tenido que adoptar la democracia para comunicar a las masas, de lo insoportable que es la combinación de cotidianidad y precariedad, así como del abismo que el ciudadano en el capitalismo asocia con el aburrimiento.

¿Se puede abusar de la risa? La simpática canción que cierra *La vida de Brian*, *Always look at the bright side of life*, es una de las más solicitadas en los funerales. No hay manera de soportar este valle de lágrimas más que buscando motivos para tomarse las cosas a la ligera. Los ciudadanos deciden tomar todo a broma excepto el derecho a hacer bromas, lo cual tiene la (¿paradójica?) consecuencia de que se acabe haciendo un uso serísimo de ellas.

NOTAS

1   S.V. Cox, A.C. Eisenhauer y K. Hreib, «Seinfeld Syncope», *Catheterization and Cardiovascular Diagnosis* 42(2), 1997, p. 242; J. Hay, «The Pragmatics of Humor Support», *Humor* 14(1), 2001, pp. 55-82; D.E. Clarke, «No Laughing Matter», *The Permanente Journal* 19(1), 2015, pp. 94-95; S. Biso *et al.*, «Laughter-Induced Syncope: Literature Review», *Journal of Cardiovascular Disease Research* 8(3), 2017, pp. 66-71.

2   N. Postman, *Amusing Ourselves to Death. Public Discourse in the Age of Show Business,* Nueva York, Penguin, 2005.

3   R. Argullol, *La risa de la hiena,* Barcelona, Fundació Arranz Bravo, 2011, p. 35.

4   Sobre la dificultad de mantener la actitud de aguafiestas y la utilidad política de hacerlo, véase S. Ahmed, *Manual de la feminista aguafiestas,* Buenos Aires, Caja Negra, 2023.

VIOLENCIA Y PEDAGOGÍA

Corrían los años 50 del siglo pasado, tiempos de depuración de elementos comunistas, cuando en la sociedad estadounidense se inicia la campaña contra los cómics infantiles bajo la acusación de que inducían comportamientos antisociales y un aumento de la delincuencia. Según el psiquiatra Fredric Wertham, las historietas influían perniciosamente en la formación de los menores.[1] Su libro se convirtió en un manual que prescribía las lecturas alineadas con el orden vigente.[2] El miedo a la degeneración moral del país caló hondo, a pesar de que nunca se probó que la exhibición de crímenes, terror, violencia y sexo en los cómics infantiles empujara en efecto a los menores a emular a los paladines de la mala vida.

En Europa el temor a los libros ilustrados se tradujo en censura. El artículo 2 de la ley francesa sobre literatura infantil de 1949 consideraba inadmisible cualquier imagen o mensaje que

> presente bajo una cara favorable el bandidaje, la mentira, el hurto, la pereza, la cobardía, el odio, el libertinaje, o todos los actos calificables como crímenes o delitos, o cuya naturaleza desmoralice a la infancia o a la juventud.[3]

La literatura infantil no podía ser un mero entretenimiento: debía promover alguna forma de actitud patriótica, cívica, democrática, nacional. De ahí que el problema para los franceses fueran sobre todo los cómics procedentes de Estados Unidos, criticados por la simplicidad del lenguaje, los errores gramaticales, el exceso de onomatopeyas, la ausencia de todo interés humano, cultural o científico y la promoción de instintos egoístas y sádicos, como lo formulaba un pedagogo de la época.[4] En definitiva, en la literatura norteamericana ilustrada no veían nada más que ideas enfermas y desmoralizadoras.

Obviamente, en España, el nacionalcatolicismo censuró rígidamente los libros para niños. La orden del 24 de junio de 1955 proscribía las narraciones e historietas que

> contengan ejemplos destacados de laicismo, descripciones tendenciosas de ceremonias o costumbres correspondientes a cultos de otras religiones o confesiones, que puedan inducir a error o a escándalo; los relatos en que el amor sea tratado con excesivo realismo, sin la indispensable idealidad y delicadeza; las novelas o relatos policíacos y de aventuras en los que se exalte el odio, la agresividad y la venganza; aquellos en que aparezca atrayente la figura del criminal.

Se denegaban también las exaltaciones de comportamientos asociales como el suicidio, la eutanasia, el adulterio o el alcoholismo.[5]

Parte del problema era que la audiencia de estos cómics era intergeneracional.[6] Los editores buscaban fidelizar al lector adulto con otros contenidos que los superhéroes muy populares en ese período. Para evitar confusiones, el código de la Comics Magazine Association of America (CMAA) estableció que los criminales no debían ser presentados como personajes simpáticos, los miembros de la policía y de las instituciones estatales debían caracterizarse de manera que no incitaran a faltarle el respeto a la autoridad, no se podían ofrecer maneras de esconder o de fabricar armas, se prohibía la ridiculización o ataque a cualquier religión, la desnudez, la presentación humorística del divorcio, y se obligaba a destacar la santidad del matrimonio cuando se trataran asuntos románticos.

Desde *La República* de Platón existen higienistas de la literatura infantil. A mediados del siglo XX los peligros eran el crimen organizado, la secularización y las transformaciones en las costumbres sexuales. Lo que en algún momento era el exceso de violencia más adelante son críticas por la poca diversidad étnica, sexual y cultural de los personajillos. También el animalismo ha llegado a la crítica de dibujos animados.[7]

Es probable que el imaginario quijotesco haya tenido un papel en esta explicación monocausal de las actitudes de los jóvenes lectores/delincuentes, pero yerra quien así razone, porque Alonso Quijano aprende de los libros a defender las buenas causas. Lee la ficción de entretenimiento como manual de vida ejemplar y, si bien es considerado un loco por aquellos con quienes se cruza, su bondad es indudable. Los progenitores alarmados, en cambio, temen que las historias poco o nada ejemplares envenenen moralmente a sus vástagos. Un miedo poco razonable, pues cuando el niño empieza a hojear libros (si es que lo hace) no busca ejemplos de vida (para eso ya tiene los malos ejemplos de su vida cotidiana), sino entretenimiento. A diferencia de los gansos capitolinos que ven peligros entre las páginas de las revistas, los niños suelen saber muy bien que la realidad no se reduce al papel y que entre una cosa y la otra hay tanta distancia como entre la disciplina escolar y el relajo de sofá. ¿Son los tebeos vehículos óptimos para la pedagogía cívica? Casi todos los cómics incluyen caídas, golpes, explosiones, torturas, chichones, vendajes y politraumatismos. El universo de los superhéroes gira en torno a una violencia seria, justiciera, que no pretende causar risas o sonrisas, como no sean las despiadadas de personajes malvados. Series clásicas, desde Tom y Jerry, Bugs Bunny, el Correcaminos o el Pájaro Loco hasta Mortadelo y Filemón, Zipi y Zape o la Pantera Rosa, buscan la risa representando trompazos, explosiones, aplastamientos y puñetazos que, sin embargo, dejan incólumes a los protagonistas para seguir pegándose de lo lindo en la siguiente escena. La violencia se externaliza en los animales que hacen las veces de personajes antropomorfizados y a los que se somete a mil y una torturas.

Max und Moritz, de Wilhelm Busch, su versión española cien años más tarde, *Zipi y Zape,* y también Pinocho narran, con equívoco afán didáctico, las malas consecuencias de desobedecer o malentender las órdenes paternas. En la última viñeta los granujas suelen recibir su punición.[8] Según su nieto, el autor de *Zipi y Zape*, Josep Escobar, quería retratar y ridiculizar la tendencia de la época a aplicar escarmientos corporales, exacerbándola con las imágenes de los niños atados a una bomba, tirados al río con una piedra al cuello, gaseados o encerrados en el cuarto de las ratas.[9] Pero los chichones son tan efímeros que parecen más bien una declaración de impotencia didáctica y civilizadora. En el supuesto de que los castigos de don Pantuflo contengan alguna moraleja, esta se olvida entre torta y torta.

La ciudad justa quisiera poner a la literatura infantil al servicio de la educación cívica, mostrando los merecidos azotes que reciben el incauto o el travieso, pero la representación del castigo violento se vuelve contra sí misma, convirtiéndose así en una acusación a quien la ejerce y no en un justo, adecuado y útil correctivo. Si estas historietas causan risa, y no son solo fuente de entretenimiento, es porque la representación caricaturizada de la violencia es imposible que se confunda con la violencia real. Las crueldades que caen sobre el pobre Pinocho y los vivarachos gemelos no sirven para disuadir a los niños de comportarse mal, o no sirven solo para eso, pues ilustran también la rigidez del mundo adulto, la arbitrariedad de las convenciones y la impotencia de quien solo a golpes quiere enderezar díscolos.

NOTAS

1   F. Wertham, *Seduction of the Innocent,* Nueva York, Rinehart and Company, 1954.

2   El sociólogo C. Wright Mills y el pedagogo Bruno Bettelheim lo elogiaron. Otro psiquiatra más desprejuiciado sostuvo que «la actual alarma sobre los efectos malignos de los cómics descansa sobre nada más sustantivo que las opiniones y conjeturas de ciertos psiquiatras, abogados y jueces» (F.M. Thrasher, «The Comics and Delinquency: Cause or Scapegoat», *Journal of Educational Sociology* 23(4), 1949, p. 200). Recientemente se ha demostrado el poco rigor con el que Wertham llevó cabo sus investigaciones, cf. C.L. Tilley, «Seducing the Innocent: Fredric Wertham and the Falsifications That Helped Condemn Comics», *Information & Culture* 47(4), 2012, pp. 383-413.

3   Ley 49-956 del 16 de julio de 1949 sobre publicaciones destinadas a los jóvenes.

4   A. Brauner, «Poison sans paroles», *Enfance* 6(5), 1953, pp. 407-411. Cf. también I. Fernández Sarasola, «Las lecturas peligrosas. *Bandes dessinées*, libertad de prensa y derechos de los menores en Francia (1930-1960)», *Derechos y libertades* 26 (época II), 2012, pp. 231-260.

5   Cit. en A. Guiral, «Introducción a "la otra" novela gráfica para adultos», *Espacio, tiempo y forma. Serie V, Historia Contemporánea* 26, 2015, pp. 183-226. Visto que el posterior decreto del 19 de enero de 1967 que regulaba el Estatuto de Publicaciones Infantiles y Juveniles reafirmó el férreo control estatal de los libros para niños, no sorprende que la escena del cómic en Barcelona durante la transición fuera tan explosiva.

6   Así lo identificó ya un observador de la época, R. Dubois, «La presse pour adultes est lue par les enfants», *Enfance* 6(5), 1953, pp. 417-421.

7   Se reprocha a los dibujos animados que no representen adecuadamente las necesidades de los animales no humanos, lo cual les provoca enfermedades: no solo de zanahorias viven los conejos. Cf. A. E. George, «Would Bugs Bunny Have Diabetes?: The Realistic Consequences of Cartoons for Non/Human Animals», en A.E. George y J.L Schatz (eds.), *Screening*

the Nonhuman: Representations of Animal Others in the Media, Lanham, Lexington Books, 2016, pp. 59-72.

8   C. Areces, «Prólogo», en J. Escobar, *Lo mejor de Zipi y Zape. Vol. II,* Barcelona, Penguin Random House, 2021, pp. 3-4. Destaca el autor cómo la severidad de los castigos se fue adaptando a los usos de los tiempos atenuándose su violencia.

9   S. Escobar, «Prólogo», en J. Escobar, *Lo mejor de Zipi y Zape. Vol. I,* Barcelona, Penguin Random House, 2019, pp. 3-4.

Y ahora tendría que explicarte qué somos, qué queremos, a dónde vamos. Pero no te preocupes, afor-
tunadamente no está demasiado claro. Porque como
ser, lo único seguro es que somos lo suficientemente
incoherentes para resultar divertidos. No tenemos
ideología, no tenemos moral, no tenemos nada más
que ganas de dibujar un tebeo para ti, que a nosotros
nos enrolle. [...] Y para acabar, nuestro último vómito
trascendente, ¿a dónde vamos? Nosotros no vamos
a ninguna parte, nosotros venimos o en el mejor de
los casos estamos parados panza arriba en cualquier
esquina, descansando después de la batalla. Por eso,
si tienes prisa, si aún te quedan fe e ideales, no nos
acompañes; pero si tienes claro que esto en general es
una mierda y que lo único que queda es reírse hasta
ponerlos nerviosos, aquí nos tienes, tuyos para siempre.

El primer número de *El víbora*, en 1979, se abría con
una antideclaración de principios: si se parte de que
«esto en general es una mierda», el único principio válido es el de la incongruencia. En la España de la transición la escena del cómic *underground* barcelonesa y
las nuevas manifestaciones culturales, como la movida
madrileña, se guiaron por un imperativo de impudicia.

El cómic *underground* (denominado *comix* en Estados Unidos, para indicar que podía tener también contenido «sexualmente explícito») nace en los años 60 y 70 del siglo pasado como transgresión de tendencia ácrata que parecía desplegarse sin complejos, sin escrúpulos, sin esperanza. Uno de sus pioneros más célebres, describe así este momento:

> Yo tuve la suerte de formar parte del fenómeno *underground* en el que los dibujantes éramos completamente libres para expresarnos. Trabajar en estos términos suponía no dejar nada en el tintero —no había necesidad de reprimir nada—; una liberación total de la censura, incluida la censura interior. [...] ¿A quién creía yo que estaba dirigiéndome? No lo sé. No estaba más que portándome como un gamberro, exponiendo en papel una serie de cuestiones enmarañadas de la cultura que solemos internalizar sin manifestarlas. Admito sentirme algo abochornado cuando miro ahora parte del trabajo de entonces.[1]

El ambiente *underground* en donde Robert Crumb encontró su público se hallaba, como su nombre indica, fuera de los canales de los cómics *mainstream*, pues sus distribuidores no contaban con la autorización o advertencia específica *(Comics Code Authority)* implantada desde 1954. Los cruzados morales estadounidenses habían logrado clasificar las revistas aptas para menores, respondiendo al pánico por la degeneración de la juventud y a que las tiras cómicas se dirigían a lectores adultos. Las historietas dejaban de ser cosas de niños.

Los creadores introdujeron más complejidad en las tramas para ampliar la audiencia, aprovechando el menor esfuerzo de lectura de los tebeos.

La psicodelia imperante recibió con entusiasmo el acratismo facilón de quienes, revelando el sinsentido de la existencia, la vacuidad de la moral pública y la estupidez de las convenciones, buscaban risitas gamberras. Lo moralmente inquietante de algunos personajes en estas historietas quedaba equilibrado por la exposición impúdica de las miserias de los propios dibujantes. Más que un eventual mensaje o «vómito trascendente», los lectores se sentían atraídos por el medio, por los insultos, la pornografía, la violencia, las burlas a la religión y a la autoridad política, en definitiva, la normalización del mal gusto y la desvergüenza. La revolución *underground* se convirtió en algo así como un «estilo de vida» y los «cómics para adultos» acabaron haciendo honor a este apelativo convirtiéndose muchos de ellos, con el paso de los años, en cómics decididamente porno.[2]

En una suerte de autobiografía, Lenny Bruce, uno de los protagonistas de esta escena, describe su humor como instrumento para desenmascarar la hipocresía de la sociedad. Mientras la generación precedente usaba eufemismos para hablar de sexo y de esta manera se granjeaba la reputación de ser atrevida, a la de Bruce le corresponde «decir las cosas como son», con procacidad, como si fuera un *striptease* de la moral social, emulando así de palabra a las *strippers* con las que los humoristas compartían escenario. Siendo este el objetivo del humorista, no sorprende que fuera acusado repetidamente de pronunciar obscenidades en público.

Según los jueces que se las vieron con este comediante de vida trágica, lo único que justificaría la obscenidad pública sería el mérito artístico o la importancia social de las ideas comunicadas, en el caso de que las hubiere.[3] Si las hay, entonces la impudicia se desvanece y queda convertida en una broma legítima, en una obra de arte, o, incluso, en una aportación relevante en la búsqueda colectiva de la verdad.[4]

Resulta cuando menos interesante que el motivo por el que se le imputó esta vulneración del código penal fuera el uso de una palabra gráfica para referirse a los homosexuales. Se le acusó no de insultarlos indirectamente sino de usar un término prohibido *(cocksucker)*. No se plantearon, en aquel entonces, a principios de la década de 1960, que con esta palabra se estuviera despreciando a un colectivo de personas o denigrando un determinado estilo de vida, solo se centraron en el poder corruptor de las palabras soeces.

La transgresión contracultural es percibida hoy bajo una nueva luz. En una reciente antología académica sobre cómics, se pone el acento en que las creaciones *underground* «fueron criticadas y siguen siéndolo» por su «contenido abiertamente racista y sexista». Su insistencia en romper tabús llevó a los dibujantes *underground* a representar frecuentemente «la violación, la violencia, la misoginia y los estereotipos raciales bajo una luz aparentemente positiva (o, cuando menos, no crítica)», siendo celebrados solo por su «naturaleza transgresora».[5] Sería, pues, una libertad creativa ejercida por hombres para persistir en estereotipos sexistas y en la exaltación de neurosis masculinas.

No faltará quien vea en la actual reprobación moral de la obra de Crumb y sus compinches una expresión de puritanismo estético o de afán cancelador. Pero si nos mantenemos en el nivel descriptivo, sin entrar en el fragor de los soldaditos culturales, se trata más bien de un efecto causado por la democratización de la crítica.[6] A cada época sus censores.

Y a cada época también sus lectores. Hay comunidades de lectores del *underground*, de la sátira sin freno, de los chistes desagradables, declarada y deliberadamente de mal gusto; comunidades que se alían de maneras novedosas en las redes, sin que sea necesario bajar a los sótanos o superar algún obstáculo. Las viñetas satíricas deben contar ahora con lo que el caricaturista Charb denominó, en un libro acabado pocos días antes de que lo asesinaran, «efecto mariposa de la libertad de expresión».[7] El mal gusto se mueve a sus anchas por la red poniéndose al alcance de usuarios que ni lo aprecian ni desean ser expuestos a él. Por ello, conviene prestar todavía atención a los consejos de lectura musitados para que no todos los puedan oír, pues quien aconseja está también confesando su impudicia.

NOTAS

1   R. Crumb y P. Poplaski, *Recuerdos y opiniones,* Barcelona, Global Rhythm Press, 2008, p. 256.
2   A. Spiegelman y F. Mouly, «Raw Nerves», en *Read Yourself Raw,* Nueva York, Pantheon, 1987, p. 7.

3   L. Bruce, *Cómo ser grosero e influir en los demás. Memorias de un bocazas,* Barcelona, Malpaso, 2015, p. 214.

4   Salvatore Di Piazza se plantea el papel de lo cómico como salvoconducto para la expresión de *extreme speech.* S. Di Piazza, «*Risus abundat?* Al confine tra libertà di espressione e violenza verbale», en S. Di Piazza y A. Spena, *Parole cattive. La libertà di espressione tra linguaggio, diritto e filosofia,* Roma, Quodlibet, 2022, pp. 87-98.

5   R.T. Cook, «Underground and Alternative Comics», en F. Bramlett, R.T. Cook y A. Meskin (eds.), *The Routledge Companion to Comics,* Nueva York-Londres, Routledge, 2017, p. 36.

6   Es lo que Gonzalo Torné ha dado en llamar «audiencias emancipadas». Cf. G. Torné, *La cancelación y sus enemigos, op. cit.*

7   Charb, *Lettre aux escrocs de l'islamophobie qui font le jeu des racistes,* París, Les Échappés, 2015, pp. 43-50.

REÍR RACIONALMENTE

Siendo lenguaje, la risa se atiene a reglas concretas, casi siempre implícitas, como si existiera —de hecho, existe— un juego de lenguaje de la risa. Vivir en sociedad significa administrar las risas correctamente, saber qué risas ajenas conviene imitar, cuándo y dónde no se debe reír. Los funerales, por ejemplo, son ocasión de solemnidad obligada y precisamente por eso, y por las intensas emociones que suelen sentir los allegados al difunto, causan subitáneos ataques de risa tan incontenibles como improcedentes. La imposibilidad y la inoportunidad de la risa contribuyen a desencadenarla, porque sus condiciones de surgimiento y emanación son tanto la predisposición y el deseo del agente a pasarlo bien como la prohibición externa a hacerlo. En la interacción social se espera que las personas sepan administrar sus risas según las convenciones. La observancia de este patrón permite distinguir a buenos ciudadanos de personas con patologías o comportamientos inhabilitantes para el ejercicio ordenado de los deberes cívicos. La correcta ejecución de la sonrisa, la risa y la carcajada, la disposición a dejarse contagiar proporcionadamente por la risa ajena, o la contención de sonrisas inadecuadas son hábitos ciudadanos de domesticación de la risa.

Rubens y José de Ribera dedicaron sendos retratos a Demócrito en la tercera década del siglo XVII. Rubens lo representa como un anciano sonrosado, de luenga barba, rictus jovial, coloridos ropajes y lúcida mirada bizca. El cuadro de Ribera fue realizado en Nápoles y probablemente usó un pordiosero de la ciudad como modelo. Su Demócrito parece recién sacado de la calle, si no fuera por el compás que sostiene en una mano y los papeles con esbozos matemáticos en la otra. Sus harapos, sostiene Francisco Rico, «ensalzan la libertad del ánimo que no acata las convenciones vacías ni se deja asustar por el fantasma de la honra, de las apariencias».[1] Los ojos, a diferencia del retrato de Rubens, apenas se ven, cubiertos de sombras, aunque sí se perciben las arrugas en la sien derecha acentuando su bonhomía. Destaca la sonrisa mucho más ingenua que la del Demócrito de Rubens, como si fuera provocada por la falta de luces del sujeto, más que por una sabiduría interior. Representándolo como un ser ligero, sereno y despreocupado, ambos pintores siguen la tradición que lo describe como el filósofo que ríe.

Cuenta la leyenda que los habitantes de Abdera se dirigieron a Hipócrates, padre de la medicina, para pedirle consejo sobre la salud de su ciudadano más célebre, el filósofo Demócrito, que no paraba de reír. El exceso de risa o su ausencia total son signos de mala salud mental. quien demasiado ríe o quien nunca lo hace deja de ser visto como ciudadano de pleno derecho, es un loco, un enfermo, un alucinado. Hay una manera *normal* de reír, del mismo modo que hay una manera *normal* de hablar. Verborrea y taciturnidad llaman la atención. La palabra (y, por tanto, también la risa) son objeto de disciplina social.

Dicen los habitantes de Abdera:

> Ajeno a todo, en primer lugar, de sí mismo, está despierto día y noche, riendo de todo, lo grande y lo pequeño, pensando que la vida entera no es nada. Uno se casa, otro comercia, el de más allá reza, otros mandan, van en embajadas, tienen un empleo, lo pierden, enferman, son heridos, mueren, él ríe de todo, viendo que unos están tristes y abatidos y otros llenos de felicidad.[2]

Tras observar a Demócrito, Hipócrates no diagnostica enfermedad alguna. Y advierte que, si en lugar de preocuparse de que su ciudadano más ilustre se esté partiendo el pecho día y noche, los ciudadanos de Abdera se hubieran preguntado por qué reía, habrían descubierto que la causa era la lucidez. El filósofo no se contenta con mediocridades ordenadas y alegrías orgullosas como hace el pueblo. Tras narrar un sueño premonitorio, Hipócrates concluye que «la verdad sobre la salud reside en Demócrito».[3] El filósofo ríe, en fin, porque es sabio: «no delira, sino que desprecia todo».[4]

El filósofo cínico se desternilla de las convenciones y contradicciones sociales, de la imposibilidad de distinguir entre el bien y el mal. Demócrito le revela a Hipócrates una medicina que no cura, sino que desenmascara.[5] La risa de Demócrito no sirve para disciplinar ridiculizando, no es normalizadora. El filósofo ríe para desnudar las contradicciones, la pompa de la moral, la incompatibilidad de los deseos y aspiraciones humanas, la búsqueda impenitente de satisfacciones que otras pulsiones harán imposibles, el afán de vil dinero, las guerras, el amor transmutado en odio. Una cordura despiadada provoca esta risa. Hipócrates, emblema de la moderación, atisba en las fauces carcajeantes del filósofo una inteligencia que no quiere ser curada. La risa de la gente es mediocre y sirve para pasar el rato entre disgusto y disgusto, ajena al sentido de la vida. En cambio, la de Demócrito nace en la claridad de una revelación moral.[6] ¿Quién está loco, al fin? ¿Quien persigue una vida razonablemente desgraciada o quien ríe contemplando la fugacidad de los fines humanos?

Tan absurdo es todo, tan poco buen sentido muestra la humanidad en su vida cotidiana que solo una risa constante resulta proporcionada a tamaño despropósito. Este mensaje también se asocia a otro cínico, Menipo, de quien poco se sabe. El profesor Rico desentraña esta enigmática figura a partir del retrato realizado por Velázquez, en donde «a punto de partir, dirige una última mirada, escéptica, desdeñosa y a la vez comprensiva, al mundo que deja atrás».[7]

Podemos discrepar sobre el desdén en la mirada del filósofo, que parece amable y lejana a la vez, pero el arte de descifrar los rostros del pasado (y los del presente) no obedece a otras reglas que las de aquello que en cada caso buscamos o necesitamos. Se gira y nos da la espalda el «filósofo que todo lo ha andado», que todo lo ha conocido, que ha bajado a los infiernos y ha subido a los cielos, como fabula Luciano de Samosata en sus diálogos *Icaromenipo* y *Menipo o la nigromancia*. Menipo ha tratado con los filósofos de todas las épocas en su viaje al Hades y solo encuentra motivos para reír de «su fanfarronería y el aparato escénico de sus doctrinas».[8]

Ríe de la diversidad de opiniones: ¿será tal vez que se ríe más en democracia, cuando no hay verdades definitivas? ¿Acaso no debe ocultarse la risa para que no la tachen de subversiva ahí donde impera una única verdad? En el batiburrillo democrático de las creencias explotan las risas recíprocas, unos se carcajean de los otros y viceversa, y nadie tiene el monopolio. Este es el contexto en el que Menipo busca una guía para la vida que al fin le es revelada por un Tiresias de ultratumba que, tras reír, le dice:

> La vida mejor y la más juiciosa es la de los hombres corrientes. Deja de examinar los fenómenos celestiales y de considerar los fines y las causas, escupe sobre estos silogismos de sabios y, considerando vanas todas estas preocupaciones, ocúpate de una sola cosa entre todas, de cómo emplear bien el presente, y pasarlo riendo en su mayor parte sin tomarte nada en serio.[9]

La risa de Demócrito y la que Tiresias aconseja a Menipo reaccionan a la irracionalidad que rige la conducta de los humanos. Cuando el de Abdera puede formular su motivación para reír, cuando es capaz de detener la risa para traducirla a palabras que Hipócrates pueda entender, la justifica como la única reacción razonable ante el infantilismo de la raza humana. Es habitual oponer a Demócrito el lloroso Heráclito.[10] Asociamos la risa con la inteligencia y el llanto con la emoción. Al reír nos elevamos, perdemos peso, nos acercamos a los otros. El llanto es una puerta a la intimidad, como si al llorar nos desnudáramos, ofreciendo una emoción que raramente se hace pública, tal vez porque quien llora muestra vulnerabilidad. El llanto se puede fingir, como hacen los niños para llamar la atención mirando de reojo mientras fuerzan pucheritos. Pero no es fácil, como si hubiera que ponerse en la situación triste necesaria y realmente entristecerse para fingir la lágrima. No creo que el lloro sea una forma de expresarnos, más bien algo en nosotros se expresa a través de él, algo que aligera, cosa que tiene en común con las risas luminosas.

Imaginemos, no obstante, un lloriqueo comunicativo que denunciara la estupidez de las cosas humanas, la futilidad de persistir en los banales actos cotidianos. Tal vez quien solo y siempre sollozara, quien llorara racionalmente, dado el penoso conocimiento que ha trabado con lo que nos caracteriza como especie, nos estaría advirtiendo, llamando la atención, como el niño que se desgañita en un rincón del salón o debajo de la mesa mientras los adultos discuten como fieras, hasta que lo ven ahí y se dan cuenta de su bárbaro proceder. Un llanto metódico podría ser el único modo razonable de estar en el mundo, preocupados solo porque no se agoten las fuentes de tanta lágrima.[11]

La humanidad es hoy ducha en reírse de sí misma, tiene montones de oportunidades de gozar contemplando su propia estupidez. Algo me hace pensar que la inteligencia generalizada se convierte en cinismo. Si así fuera, correspondería a los sabios llorar, aunque solo fuera para no seguir la corriente. Pero el llanto público solo se escucha en los programas radiofónicos nocturnos cuando personas solitarias llaman y gimotean por antena mendigando consuelo. Ahí radica su nobleza. Un coro cotidiano de ciudadanos plañideros impugnaría la risa de Demócrito que se sirve hoy enlatada en todas las salsas y que seguirá ahí cuando vuelvan los dinosaurios.

NOTAS

1   F. Rico, «Los filósofos de Velázquez, o el gran teatro del mundo», en *Figuras con paisaje,* Barcelona, Galaxia Gutenberg, 1994, p. 72.

2   E. Littré, «Lettres, Decrets et Harangues», en *Oeuvres Complètes d'Hippocrate v. IX,* París, J.B. Baillière et Fils, 1861, pp. 321-323. Hay traducción más reciente del conocido como *De insania Democriti facetum epistolium:* Hipócrates, *Pseudepigraphic Writings,* Leiden, Brill, 1990.

3   *Ibid.,* p. 343.

4   *Ibid.,* p. 349.

5   *Ibid.,* p. 359. R.J. Hankinson, «The Pseudo-Hippocratic Letters and the Greek Self-Image of Virtue, Health, and Expertise», en D. Manetti, L. Perilli y A. Roselli (eds.), *Ippocrate e gli altri,* Roma, Publications de l'École française de Rome, 2021, pp. 197-216.

6   Cf. C. Zatta, «Democritus and Folly: The Two Wise Fools», *Bibliothèque d'Humanisme et Renaissance* 63(3) (2001), pp. 533-549.

7   F. Rico, «Los filósofos de Velázquez, o el gran teatro del mundo», *op. cit.,* p. 82.

8   Luciano, «Icaromenipo o el que vuela por encima de la nube», en *Obras vol. V*, Madrid, Consejo Superior de Investigaciones Científicas, 2013, p. 138.

9   *Id.*, «Menipo o la nigromancia», en *Obras vol. V, op. cit.*, p. 191.

10   Cf. S. Halliwell, *Greek Laughter. A Study of Cultural Psychology from Homer to Early Christianity,* Cambridge, Cambridge University Press, 2008, p. 346.

11   Así lo proponía Oliverio Girondo en *Espantapájaros*, un libro que, como afirma significativamente su subtítulo, está *Al alcance de todos*: «Llorar a lágrima viva. Llorar a chorros. Llorar la digestión. Llorar el sueño. Llorar ante las puertas y los puertos. Llorar de amabilidad y de amarillo. [...] Llorarlo todo, pero llorarlo bien. Llorarlo con la nariz, con las rodillas. Llorarlo por el ombligo, por la boca. Llorar de amor, de hastío, de alegría. Llorar de frac, de flato, de flacura. Llorar improvisando, de memoria. ¡Llorar todo el insomnio y todo el día!». O. Girondo, *Obras,* Buenos Aires, Losada, 1968, p. 190.

REÍR CON LAS MÁQUINAS

Era otoño de 1995 en una sala de ordenadores de una universidad alemana cuando vi por vez primera a una persona riendo ante una pantalla de ordenador. Debía ser un estudiante norteamericano, probablemente le estaba escribiendo un correo electrónico a un conocido, o leyendo lo que le decía su familia, y a través de la pantalla recibía la tibieza de las palabras, y tal vez también una broma, un chiste o un sobreentendido que le hizo gracia. La pantalla era para él un medio transparente, mientras que, para mí, que usaba el ordenador solo para escribir los trabajos de la universidad y escasos mensajes en conexiones de telnet, era un medio frío, muy lejos aún de convertirse en un apéndice electrónico.

No veía nada más que a un individuo riéndose con una máquina, como si lo hiciera delante de una pared o mirando un martillo. «¿De qué se ríe?», pensé. No concebía el acto que realizaba la persona delante de la pantalla como la lectura de correspondencia electrónica. Lo veía como una relación entre el hombre y la máquina. Creía que él reía *con* la máquina, lo cual era absurdo en la medida en que la máquina no podía reír con él, rompiéndose así la habitual reciprocidad de algunas relaciones de hilaridad. Si él reía, a la máquina le correspondía también hacerlo, pero dado que esto era imposible, el acto unilateral de él tenía que ser el de un idiota.

Hoy, en cambio, lo raro es no reír mirando pantallas. Se dedica más tiempo a las pantallas que a observar el cielo, el horizonte o un ramo de flores. Todos reímos y sonreímos encerrados en nuestra relación con la máquina. Y sonreímos y nos reímos también con otras personas que aparecen en nuestras pantallas y desde ellas nos devuelven la sonrisa y es casi como si estuvieran en ese momento con nosotros. Si se pudiera medir, apuesto a que no sería despreciable la cantidad de movimiento internáutico consagrado a provocar una sonrisa en el receptor. Omnipresentes cadenas de *memes* aligeran la comunicación interpersonal.

Ya sabemos qué mal va todo y una sonrisa no amarga la vida de nadie y probablemente vivimos más tranquilos si nos concedemos el tiempo para una risa sincera en compañía de personas a las que apreciamos, y porque las apreciamos reímos juntas y cuánto más reímos juntas, más juntas reímos, más juntas estamos y más nos apreciamos. Aunque puede ser también que no todas estas cadenas de imágenes y risas compartidas sirvan para cerrar vínculos amorosos o para ampliar círculos de afectos. Puede ser que sirvan a otro fin que no es el que las personas que los usan creen que es. Puede ser que todos y cada uno de esos clics, todas y cada una de las miradas fugaces o persistentes a la pantalla, todas y cada una de esas cervices dobladas estén al servicio de otra cosa, como si, más que de informarse o de compartir entretenimiento, las personas

estuvieran participando, previo pago de las precepti-
vas tarifas a proveedores telemáticos y fabricantes de
productos electrónicos, en un ritual semejante al de
los feligreses arrodillados. Un ritual en el que es más
importante la gestualidad de los usuarios que los contenidos transmitidos.

Sea la vida virtual y la comunicación a través de
las pantallas un placebo de la vida real, un culto vacuo
o una banal transformación de lo que ha sido siempre la comunicación humana, la relación bidireccional
entre la persona y el paralelepípedo retroiluminado
plantea cuando menos una cuestión vinculada a la risa.
Siguiendo al genial Bergson, la risa es una llamada de
atención a aquellos que se enrigidecen, una advertencia para que adopten la flexibilidad propia de la vida
social. El robot sería entonces el ser más hilarante, pues,
por lo menos en sus versiones primitivas, es incapaz de
adaptarse a los cambios, carece, en definitiva, de sentido del humor. El androide que se queda atascado en
su funcionamiento causa risa, como uno de los más
célebres robots de ficción, c3po, el dorado y patoso
personaje de *La guerra de las galaxias*. c3po es un droide
traductor e intérprete de varios millones de formas de
comunicación y experto en protocolo y buenas maneras, lo cual no hace más que acentuar su ridiculez,
pues habla con perfecta corrección en situaciones en
las que está rodeado de seres hostiles y salvajes de la
peor calaña. El robot encarna la teoría bergsoniana de
la risa, tanto en la rigidez de su cuerpo como en la de
sus maneras. Es un ser descolocado con una desarrolla-
dísima inteligencia socialmente disfuncional, mientras

que el astuto R2D2, ejemplo de *frónesis* aristotélica, se adapta a las nuevas situaciones encontrando siempre una solución a las mil y una pruebas que el guion de la película le depara.

Este carácter desmañado del robot de protocolo no ha sido heredado por los teléfonos inteligentes, los cuales no son objeto de nuestra risa. A saber, no nos reímos *de* las máquinas; nos reímos *con* las máquinas, más aún, nos reímos cuándo y cómo quieren las máquinas y sus maquinarias en la nube. La máquina nos castiga con músicas estridentes si no somos clientes *premium* o como se llame. Acabamos de escuchar una erudita conversación, un poema, palabras y ritmos nobles, y sin piedad nos cae encima un *jingle* o, lo que es peor, la *jingelización* de algo que alguna vez tuvo algún valor. Nada menos que el famosísimo *Always look at the bright side of life* suena entonces como algo profundamente banal e idiota. La repetición inoportuna y *ad nauseam* de la cancioncita de los Python —o de otra música cualquiera— la desposee de toda gracia convirtiéndola en una cosa contrahecha, como las que aparecen en la pantalla del móvil, empequeñecidas, deformadas para meterse en tan diminuto dispositivo. La canción queda desprovista de sus inteligentes retruécanos, no es ya más que una nuda broma a destiempo, conformismo pequeñoburgués como el de tantos que se la han tomado en serio y la usan en ceremonias laicas para despedir a sus seres queridos. Basta que empiece a sonar la música y quien más quien menos sonreirá inadvertidamente, sin pensar que este himno irónico es también una invitación a ser como Cristo y buscar siempre la luz.

La máquina nos gasta una broma pesada, rompe siempre el encanto. ¿Es bromista la tecnología? ¿Es la broma en la publicidad una forma de tortura? Dada la omnipresencia de teléfonos y ordenadores, la reacción inteligente (recuérdese que, como sostiene Bergson, la risa poco tiene que ver con la emoción y mucho con la inteligencia) debería ser una risa descontrolada y sin fin provocada por la rigidez de los *pseudodroides* que guían nuestra actividad cotidiana, su perfección, su obediencia. Por ahora la inteligencia del cacharro nos ayuda a reír, pero no tardará en ser él quien reirá en nuestro lugar y de nosotros. Para que esto suceda deberá darse una completa inversión en el funcionamiento de la risa: que los seres rígidos y perfectos se tronchen de risa al contemplar la extrema flexibilidad de unos humanos que en su afán por transformarse lograrán doblarse sobre sí mismos y abandonar la postura erguida para así poder seguir mirando la pantalla, esperando de ella algo, una sonrisa de verdad, que llegará tarde, cuando todo el asunto habrá dejado de ser humanamente risible.

Mientras tanto, no estaría de más que intentáramos dejar de reír con las máquinas.

PARRESIA Y PEDAGOGÍA

Ninguna clase tiene el monopolio del chiste. Pero la que menos lo puede tener es la que persigue el mantenimiento del *statu quo,* la que pide respeto y autoridad con altivos carraspeos y cejas levantadas. El chiste político es un bribón irrespetuoso.[1]

Sostenía Ortega que «la comedia es el género literario de los partidos conservadores».[2] La risa no es siempre un motor de libertad o de progreso. A veces, lo hemos visto ya, las carcajadas hacen zozobrar las convicciones básicas de una comunidad. Otras veces se dirigen al poderoso, lo desnudan, como si bastara una espasmódica expulsión colectiva de aire para revelar la vacuidad de lo solemne y lo sagrado. El bromista o el cómico se mueven entre la grandilocuencia y la impotencia. A ratos, se diría que son capaces de derribar los ídolos tradicionales provocando carcajadas. Otras veces la risa se revela un recurso estéril, la libertad del esclavo que ríe mientras lo pisotean.

En muchas ocasiones, tal vez las más, la risa es una llamada al orden, un mecanismo con el que se reproducen las jerarquías, se detienen las transformaciones y se disciplina a los díscolos. Quien quiere innovar debe superar el miedo a que lo ridiculicen no siempre con razón. En su imponente libro *El deseo de cambiar*, bell hooks habla de las risas con las que se suele recibir su uso de la expresión «patriarcado capitalista imperialista supremacista blanco» para describir el sistema político de Estados Unidos. ¿Por qué es gracioso, se pregunta hooks, que alguien decida nombrar las cosas con precisión? ¿No será que esta misma risa es un arma de terrorismo patriarcal? Sostiene, al fin, que riendo los oyentes expresan su incomodidad cuando les pide que se alíen con una crítica desobediente antipatriarcal; riendo neutralizan los desafíos al patriarcado.[3]

¿Cuándo está justificada la burla? Es cierto que algunas ideas o propuestas no merecen más que la risa del desprecio. Pero esta risa no sirve para discriminar entre las novedades útiles o válidas, y las que no son más que productos peregrinos. La imaginación desencadenada provoca inevitablemente carcajadas que salvaguardan la normalidad. Dado que el portador de novedades puede ser fácilmente ridiculizado, quien más quien menos prefiere callarse antes que ser objeto de hilaridad. Esta ridiculización está al servicio de «la tradición, lo recibido, lo habitual, los usos de nuestros padres, las costumbres nacionales, lo castizo, la inercia omnímoda».[4]

No sorprende, pues, que Ortega ilustre la función corrosiva de la risa con el feminismo, cuya tensión de futuro es aplastada por las risas del presente:

La mujer feminista aspira a que un día las mujeres no necesiten ser mujeres feministas. Pero el cómico suplanta el ideal de las feministas por la mujer que hoy sustenta sobre su voluntad ese ideal. Congelado y retrotraído al presente lo que está hecho para vivir en una atmósfera futura, no acierta a realizar las más triviales funciones de la existencia. Y la gente ríe. Presencia la caída del pájaro ideal al volar sobre el aliento de un agua muerta. La gente ríe.[5]

El empuje utópico del héroe (o de la heroína, en este ejemplo de Ortega) es ridiculizado por una risa inercial que cuando empieza no se detiene sin más y arrastra a los que a ella asisten, por imitación, por miedo a parecer ridículos, porque si alguien ríe algún motivo tendrá.

La risa industrial también contribuye a dejar las cosas tal y como están, como las *sitcom* al servicio de los estereotipos sociales. La maquinaria estadounidense de cultura para masas ha producido infinitos productos de entretenimiento cómico que prescriben modelos de comportamiento en la vida íntima. Desde la divertida cotidianidad del show de Bill Cosby hasta *Cómo conocí a vuestra madre* —por poner dos ejemplos entre la miríada de productos—, varias generaciones de televidentes han aprendido cosas sobre sí mismos y sobre las emociones y estilos de vida disponibles gracias al poder persuasivo y homogeneizador de los chistes encadenados. La pantalla, presidenta de los salones en todos los hogares, sugiere comportamientos modélicos y chistosos que paulatinamente dictan los usos de la vida íntima.

Al humor conformista se contraponen las burlas del cómico parresiasta. La risa enlatada no está al servicio de la verdad; es más bien la confesión tácita de que todo lo que va a suceder es mentira, incluso la risa que correrá cual reguero de pólvora. El humorista parresiasta, en cambio, confía en que la verdad se revele y se extienda a la par que las sonrisas. Para que sea eficaz debe haber un contrato parresiástico entre el bromista y su público: este reirá siempre que el chistoso domine la técnica que le permite decir lo indecible sin dañar, antes bien mejorando a su audiencia.[6]

El objetivo del humorista parresiasta es provocar hilaridad diciendo la verdad. Dispone de instrumentos para hacerlo de manera que resulte más digerible: la risa acuna al espectador y lo prepara para recibir los mensajes que cuestionan su sentido común y ponen a prueba su apertura de miras. Quien quiera soltarle a la gente verdades sobre sí misma, debe evitar la confrontación directa, hacer un rodeo, y si alguien se enfada siempre le queda el recurso de hacerla reír y lograr que el cuerpo, flexibilizándose, ayude a la persona a suspender momentáneamente sus principios. Corre el peligro, claro está, de que la broma que envuelve la verdad acabe borrándola. Pero ese riesgo siempre existe, pues los humanos son volubles y no escuchan las advertencias; prefieren sus buenas dosis de risas a lecciones de pedagogía moral. Por otra parte, no hay que excluir que algo se aprenda al ver nuestras convicciones más preciadas pisoteadas por una burla, cuando menos a ser más tolerantes con las de los otros.

NOTAS

1   K. Tucholsky, *Gesammelte Werke*, vol. 2, Reinbek bei Hamburg, Rowohlt, 1960, p. 172.

2   J. Ortega y Gasset, «Meditaciones del Quijote», en *Obras Completas. Tomo I (1902-1916)*, Madrid, Revista de Occidente, 1946, p. 396. Agradezco esta cita a José Luis Moreno Pestaña.

3   b. hooks, *El deseo de cambiar. Hombres, masculinidad y amor*, Barcelona, Bellaterra, 2021.

4   J. Ortega y Gasset, «Meditaciones del Quijote», *op. cit.*, p. 395.

5   *Ibid.*

6   J.P. Rossing, «Critical Race Humor in a Postracial Moment: Richard Pryor's Contemporary Parrhesia», *Howard Journal of Communications* 25(1), 2014, pp. 16-33.

HUMOR, INTELIGENCIA E INTERPRETACIÓN

Los monologuistas en vivo *(stand-up comedy)* pretenden que el espectador no se sienta estúpido, aunque desde fuera, rodeado de otros tantos individuos con el rostro deformado por las carcajadas, lo parezca. El reidor participa de la interpretación, sigue el complejo juego de sobreentendidos y malentendidos necesarios para construir el chiste y, al fin, estalla en una risotada con la que celebra su inteligencia. La situación se presta a ello, pues quien se desplaza a un cabaré o selecciona una comedia en la pantalla está ya predispuesto al jolgorio. El reidor alienado por el ambiente se troncha incluso antes de oír el *quid* del chiste. El espectador se deja llevar por la corriente de una algarada colectiva que nadie quiere perderse, agarrado cada cual a su carcajada como a un salvavidas. Tal jovial predisposición le lleva a celebrar chistes sin gracia. A veces, las menos, se avergüenza de su propia risa, pero ya es tarde para esconderla y no le queda más que jugar al gato y al ratón con su moral y sus ganas de relajarse que siempre acaban venciendo pues esta misma dispar lucha tiene algo gracioso.

El humorista adula la inteligencia de los espectadores convirtiendo las risas en una forma de vanidad. El reidor está convencido de que la risa es solo suya, de que ha hecho un esfuerzo intelectual para captar el fino ingenio del humorista, sin apercibirse de la desproporción entre su supuesta agudeza y lo burdo de su manifestación en el rostro contrahecho de dientes expuestos. La inteligencia adulada ríe creyéndose superior y el reidor se descubre a sí mismo como alguien sutil y refinado, intentando vanamente borrar así su deforme vulgaridad.

Se espera del espectador que sea capaz de interpretar la situación cómica, que a través de las generalizaciones, provocaciones, exageraciones y distorsiones de la realidad vea una broma, o sea, que lo que se está diciendo no debe ser tomado literalmente. El cómico suele jugar con la distancia entre lo literal y lo metafórico, suscitando literalmente un escándalo que transforma metafóricamente en una broma. Quien toma la broma al pie de la letra, despojada del contexto que le presta sentido, que la hace graciosa, no podrá más que ofenderse.

La poliédrica y compleja teoría bergsoniana sobre la risa incide en que se trata de un fenómeno intelectual o racional, sin apenas participación de los sentimientos, un cálido hálito nacido del frío cálculo. Cualquier chiste requiere que las personas sean capaces de llevar a cabo diversas operaciones intelectuales. Sin duda, hay formas de comicidad que apelan a la inteligencia en grado sumo. Algunas son más histriónicas y exageradas, menos intelectuales, como sería el caso de Jerry Lewis o Chiquito de la Calzada, que mediante muecas, bailoteos, imitaciones y ensaladillas de referencias culturales de sal gruesa surtían efectos cómicos con un amplísimo público potencial. Este tipo de humor no tiene pretensiones transgresoras o revolucionarias, es mero espectáculo que no despierta protestas ni se enfrenta a miedos sociales. Es una cosa inquietantemente simpática, nada más y nada menos.

En otro espectro humorístico se encuentran los que sofistican sus chistes para cuestionar los lugares comunes de la cultura y contribuir a la tarea de deconstrucción de los dogmas religiosos, de las buenas costumbres, de instituciones burguesas como el matrimonio o el trabajo. Este otro humor tiene una obvia pretensión de seriedad. Por ejemplo, *La vida de Brian* de los Python no es una diatriba insultante ni un panfleto ateo. A pesar de que los Python son ateos convencidos, retratan a Brian/ Jesús con ternura, de ahí que la película resista el paso del tiempo frente a críticas de los intransigentes y de quienes quieren capitalizar su victimismo. Las bromas irreverentes reconocen el valor de su objeto, como si, en cierto modo, volvieran las enseñanzas de Cristo en contra de quienes las han esclerotizado para disciplinar a la sociedad y acrecentar su poder, o sea, la Cristiandad y sus vecinos. Este tipo de humor combina inteligencia, ternura y complejidad para provocar una felicísima y salutífera electricidad neuronal. Las risas que ahí nacen no son privadas, sino públicas, y como tales pueden resultar ofensivas. La provocación permite controlar las reacciones de los intolerantes: o bien insisten en sentirse ofendidos y escenifican su rechazo, o bien se rinden a la broma y aprenden a relativizar sus convencimientos.

Con frecuencia se oyen lamentos de que una película como *La vida de Brian* hoy sería imposible, que han aumentado las susceptibilidades y la libérrima imaginación de los Python solo encontraría audiencias indignadas, colectivos organizados y dispuestos a «cancelar». También en su momento se planteó censurarla, pero fue exhibida sin problemas. La película destila matices y delicadeza, y basta una atención media para percibir que el objeto de las burlas es el fanatismo, no el cristianismo. Los Python despotrican sobre los dogmas, con un abanico amplísimo de bromas groseras y finísimas engarzado en una narración lo bastante cuidada para tener autonomía artística. Además, nadie está obligado a ver la película. Quien reacciona a la provocación podría no hacerlo.

En las escuelas no rige una libertad de expresión ilimi-
tada. Los maestros no pueden soltar tacos y los chistes
solo se permiten si tienen un fin didáctico; antes bien,
deben favorecer una vía moral y política, promoviendo
la adquisición de conocimientos y actitudes en los menores, disuadiendo otros. El comportamiento de los docentes no es libre sino ajustado a normas para transmitir
los códigos propios de una, digamos así, civilización que
pugna por mantenerse idéntica a sí misma. Las escuelas
son espacios reglados y regulados en los que se aprende
precisamente a seguir y a respetar ciertas reglas. El objetivo es la formación del ciudadano que conoce sus
derechos y deberes en la sociedad y al que se le proveen «capacidades» para orientarse en el mundo y poder
construir una vida. De ahí que las relaciones entre los
que acuden a la escuela estén mediadas por la institu-
ción, quedando un margen reducido de acción espontánea para maestras y maestros. Entre los docentes y el
alumno no puede haber plena familiaridad en la medida
en que la escuela se define en contraste con la familia,
aunque solo sea porque en ella los roles son de maestra
a alumna y no de madre a hija.

Sin embargo, también es un espacio de libertad
de expresión, pues una de sus finalidades primordia-

les es precisamente el aprendizaje de esta libertad para usarla bien en sociedad. Los maestros deben promover actitudes democráticas: darse la palabra el uno al otro, atender a los argumentos ajenos, habituar a los futuros ciudadanos a respetar la moralidad de la discusión pública. Quien así hace no adoctrina, está más bien orientando cuidadosamente al menor en los primeros años de su existencia.

La cultura institucionalizada que los maestros escenifican no es la única activa. Paralela a ella los menores construyen una, llamémosla, cultura popular que se despliega a la hora del recreo. Me refiero a las canciones y juegos que van pasando de una generación a otra sin intervención de los adultos. Actividades que son juegos con las palabras y las ideas proscritas, aquellas que no dicen los maestros porque son de mal gusto, y que se repiten a lo largo de los años gracias a la transmisión espontánea intergeneracional entre alumnos. Canciones cuyo contenido no figuraría nunca en el currículum de la escuela, pues incluyen escenas de violencia que no por ser recitadas por voces blancas (o quizá precisamente por eso) dejan de sonar como una barbaridad en toda regla. Piénsese en esta que seguramente resulta familiar a muchos progenitores españoles y que suele ir acompañada de un rítmico palmoteo:

En la calle 24, se ha cometido un asesinato, una vieja mató a un gato con la punta del zapato. Pobre vieja, pobre gato, pobre punta del zapato. ¡A-se-si-na-to!

«Tonadilla abominable», grita el intransigente ético, «banalización del sufrimiento animal», «incitación a la indiferencia hacia los seres no-humanos». La crudeza de la narración de un animalillo asesinado como hilo conductor de una melodía que sirve a los menores para acompañar el ritmo dando palmas contrasta con las acciones ejemplares que programáticamente debe vehicular la escuela. Tras dedicar una clase de «valores» a la cuestión del «respeto», los niños bailan al ritmo de asesinatos de animales, manifestando lúdicamente lo que la educación reprime. El palmoteo infantil y las rimas que pierden en peso semántico lo que ganan en musicalidad son una forma genuina de arte experimentado como placer. Placer, tal vez, porque la canción equipara moralmente a una vieja, a un gato y a un zapato, que es lo contrario de lo que se afirma en las aulas. Se trata, claro está, de una broma que, como tal, implica doblez moral. El chiste macabro instala la hipocresía en los niños, haciéndolos funcionales en la sociedad. Es el juego del mundo al revés: patear musical y literariamente a un gato.

Esta cultura nacida y transmitida en los patios de las escuelas, en el tiempo libre, cuando las maestras son sustituidas por monitoras que solo deben velar porque los niños no se hagan daño, subsiste de manera paralela a la cultura institucionalizada que transmiten los adultos en el interior de las aulas. La cultura del patio es a la cultura escolar lo que la parodia irreverente, obscena y burlona es a la deliberación pública ordenada. Podemos aventurar que tanto una como la otra sirven para revelar la cara oculta de la realidad normativa, las costumbres, cortesías y silencios que disimulan la violencia, y el egoísmo de los humanos cuando se trata de defender sus intereses.

Cancioncillas contraculturales crecen y se reproducen libre y espontáneamente en la hora del recreo. Los niños mayores las cantan, algún pequeño más espabilado las escucha, y así se da la transmisión entre generaciones de una música pegadiza y unas simples rimas cabalgadas por historias absurdas y violentas. Esta subcultura del recreo se reproduce gracias a la fascinación musical y a que el texto discrepa de las normas del bien decir prescritas por los adultos. Las palabrotas imantan a aquellos niños que se convertirán en adultos aficionados a las explosiones de risa incontenible provocadas por la transgresión. La risa infantil causada por el taco tiene algo de miedo, un gesto de placer y repulsa combinados, que aparece análogamente en el flirteo constante de los humoristas con lo que no se dice ni se debe decir. Los niños disfrutan con la cara B del discurso didáctico, del mismo modo que el espectador se ríe con los chistes de mal gusto, en los que se exponen impudicias y se extrae placer de ello. Si no hay nada que quede oculto o que se halle envuelto en el halo de lo prohibido, desaparecen los temas que causan risa. La muerte de Dios y la desaparición de lo sagrado desecan las fuentes del jolgorio.

Los adultos toleran la subcultura del patio pues, al fin y al cabo, la violencia alegremente cantada es incomparable con las violencias de todo tipo a las que asisten los menores por la calle, en sus casas y en internet, en donde, como es bien sabido, no existen filtros para evitar que queden expuestos a relatos, imágenes y filmaciones groseras que consumen en solitario. ¿Cuándo deberían intervenir las maestras para impedir la difusión del cancionero surgido espontáneamente en los recreos? Los insultos, discriminaciones y otras formas de matonismo infantil son algunos de los males evitables que deben identificar los educadores y monitores. ¿Y las rimas inmorales?

Si no hay un daño objetivo en algún niño o niña, debe imperar la tolerancia, incluso de las canciones y tonadas escabrosas y brutales. Toleran las maestras la recitación de bestialidades porque es probable que cumplan alguna función beneficiosa, que sean una válvula de escape para reintegrarse con fuerzas renovadas en el mecanismo adoctrinador de valores cívicos. Salvando las distancias, esta relación de tolerancia se reproduce en el mundo de los adultos a propósito de las bromas públicas de mal gusto.

En la campaña para elegir uno de los senadores del
estado de Illinois en 1858, Lincoln y Douglas debatie-
ron públicamente en numerosas ocasiones a propósito, entre otras cosas, de la abolición de la esclavitud.
Que el futuro presidente de Estados Unidos, Abraham
Lincoln, pasara a la historia como defensor del aboli-
cionismo y precursor de la igualdad racial no lo convierte en un igualitarista, como lo demuestran algunas
bromas intencionales que colaba en sus discursos, probablemente para acercarse a los votantes menos pro-
clives a los cambios radicales. Puesto que el electorado
de Illinois estaba dividido, Lincoln peroraba entre dos
aguas:

> No entiendo que el hecho de que el hombre blanco
> sea superior al negro implique que al negro se le
> deba negar todo. […] Ni entiendo que por el hecho
> de que yo no quiera que una mujer negra sea mi
> esclava necesariamente deba quererla como mujer
> [risas del público].[1]

Para romper el hielo, Lincoln alude al matrimonio in-
terracial como una broma que nadie se podía tomar
en serio: un simpático chiste racista para calentar a la

audiencia, reforzar los vínculos entre los que escuchan y dejar claros los límites de lo aceptable.

Esta es la función de lo que Simon Critchley llama «humor reaccionario», el cual «sirve simplemente para reforzar el consenso social».[2] El humor presupone una comunidad de los que ríen juntos: lengua, lugar, cultura, intereses. Critchley va más allá y afirma que «tener sentido del humor común es como compartir un código secreto».[3] Uno de los motivos que tienen los miembros de este grupo para hacer bromas es reírse de las personas que no son como ellas, rasgo básico de lo que este autor llama «humor étnico».[4]

El humor racista o reaccionario supone un problema para los estudiosos porque los obliga a aceptar que, en ocasiones, las bromas racistas o desacomplejadamente xenófobas provocan hilaridad. Por ello, cuando se analiza el humor se suelen excluir las bromas denigratorias y discriminatorias, como si no pudieran ser realmente graciosas. Lo propio de estos chistes que no *deberían hacer reír* —pero hacen reír— es que las personas que son objeto de ellos no ríen.[5] El humor puede ser cruel y agresivo, es un medio neutro a disposición de fascistas y buenistas por igual. Quien quiera hablar de él como si fuera un asunto inocuo, va desencaminado, «pues los hombres se ríen de desgracias e indecencias que no tienen ninguna gracia o ingenio».[6]

Juan Carlos Siurana ha propuesto una teoría ética sobre el humor y la risa, según la cual los chistes que perpetúan estereotipos desprestigiando a grupos sociales son inmorales. Afirma Siurana que la risa provocada por chistes moralmente cuestionables es también moralmente cuestionable. Su propuesta está animada por un sentido del humor *saludable* que se ofrece como modelo ético con el que medir las risas gregarias, ofensivas, insultantes y éticamente despreciables.[7]

En la estructura del chiste hallamos un sustento a esta tesis. La broma orbita en torno a su momento clave, lo que en inglés se llama el *punchline*, el remate punzante que provoca la risa. El oyente espera el golpe que sacuda su cuerpo. Sin esa aguja ingeniosa, el chiste se pierde y nadie ríe. La risa se puede cortar o verse reducidos considerablemente los oyentes susceptibles de reír dependiendo de hacia dónde apunta la línea del *punch*, hacia arriba o hacia abajo. Como en el boxeo, en donde no está permitido pegar por debajo de la cintura, también en el chiste existen reglas de *fair play*. Se puede golpear hacia arriba, dirigir el chiste a quien se podría defender, a quien tiene más poder que quien está contando el chiste; o hacia abajo, a quien se halla en un nivel inferior (menos seguro, menos rico, menos poderoso, menos «normal»). Habitualmente se considera que los segundos suelen ser menos graciosos o, por decirlo en los términos de hoy, merecerían ser «cancelados», pues habrá quejas de los oyentes o un silencio embarazoso, ausencia de risa, como demostración de que el chiste es malo, penoso o, como dice Critchley, reaccionario, juego sucio. Pero el humor siempre incluye alguna forma de trampa y no se deja aprisionar por el *fair play*.

¿Es posible hacer distinciones morales entre humoristas? ¿Es lo mismo un humorista bueno que un buen humorista? ¿Puede ser solo un buen humorista el que sea un humorista bueno (o sea, bondadoso)? Si respondemos afirmativamente, entonces debemos definir esta bondad ética o moral del humorista como una bondad de combate, desafiante, como quien desvela los secretos de la humanidad y muestra las mentiras sobre las que se edifica todo lo que la moral da por bueno. El humorista que se escenifica como campeón de la moralidad lo tiene más difícil, del mismo modo que los niños traviesos suelen causar más risas entre sus compañeritos que los empollones aplicados, los cuales, si acaso, son objeto de ridiculización. Este es el motivo por el que los críticos del «buenismo» parecen más relajados, chistosos y ligeros, lo cual obviamente no es ninguna *razón* a su favor.

NOTAS

1   Discurso de Lincoln en Charleston el 18 de septiembre de 1858. Cit. en P.M. Angle, (ed.), *The Complete Lincoln and Douglas Debates of 1858,* Chicago, Chicago University Press, 1958, p. 235.

2   S. Critchley, *On Humour,* Londres, Routledge, 2002, p. 12.

3   *Ibid.*, p. 68.

4   *Ibid.*, p. 69.

5   M. Billig, «Comic racism and violence», en S. Lockyer *et al.* (eds.), *Beyond a Joke: The Limits of Humour,* Nueva York, Palgrave Macmillan, 2005, p. 28.

6   Thomas Hobbes, *Elementos de Derecho Natural y Político*, Madrid, Alianza, 2005, lib. I, cap. IX.

7   J.C. Siurana, *Ética del humor. Fundamentos y aplicaciones de una nueva teoría ética,* Madrid, Plaza y Valdés, 2015.

CUATRO

Durante la así llamada monarquía de julio de Luis Felipe I se promulgaron nuevas leyes de censura que la prensa satírica bautizó como la «máquina infernal de Sauzet», nombre del ministro que las promovió. Tras un intento de regicidio, estas medidas de emergencia sometían la publicación de caricaturas a una autorización previa del Ministro de Interior en París y del prefecto en las provincias bajo penas pecuniarias y de prisión. A pesar de que el artículo 7 de la Constitución de 1830 sostenía que «los franceses tienen el derecho a publicar y a imprimir sus opiniones» y la «censura no se puede restablecer», se legisló para regular férreamente la libertad de prensa hasta ahogar a diversas revistas satíricas, entre ellas la muy popular *La Caricature*.

En los debates previos a la legislación, el abogado general francés sostuvo que

el artículo 7 de la Carta proclama que los franceses tienen el derecho a circular sus opiniones en forma impresa. Pero cuando las opiniones se convierten en acciones por la circulación de dibujos, es una cuestión de hablar a los ojos. Esto es más que la expresión de una opinión; es una incitación a la acción no cubierta por el artículo 7.[1]

Por su parte el ministro del interior afirmó:

> No hay nada más peligroso [...] que las caricaturas
> infames, los dibujos sediciosos, no hay nada que pro-
> voque más directamente atentados.[2]

El ministro de justicia fue también muy explícito, al
afirmar que la ley protegía las opiniones, no las acciones. Las opiniones escritas se dirigen exclusivamente a
la «inteligencia» de la audiencia, mientras que

> mediante una representación o la exposición de un
> dibujo el autor se dirige a los hombres reunidos,
> se habla a sus ojos, hay un hecho, una puesta en
> acción, una vida que no quedan cubiertas por el
> artículo 7.[3]

Los defensores de la censura atribuían a las caricaturas
un potencial performativo que negaban a las palabras
y a las opiniones, sosteniendo que los dibujos satíricos
podían desprestigiar a gran escala la monarquía. La ley
que finalmente se aprobó penalizaba la ridiculización
de la persona y la autoridad del rey, así como la crítica a
la forma de gobierno, imponiendo tantas limitaciones
a lo publicable que muchos periódicos dedicados a la
política desaparecieron y fueron paulatinamente susti-
tuidos por la prensa orientada al comercio. La revista
Le Charivari, donde Daumier publicó gran parte de su
obra, dejó de publicar caricaturas de personas podero-
sas y conocidas, centrándose desde ese momento en la
sátira de la burguesía.[4]

Se planteó, pues, durante el siglo xix, una distinción entre la libertad de prensa y la libertad para publicar dibujos, considerándose que las caricaturas transmitidas masivamente podían mover con mayor vigor los corazones de las personas y dejar en ellos impresiones más indelebles que la palabra impresa, pues hablan a los ojos. Todas las personas pueden entender las caricaturas y valerse de ellas para despreciar a los poderosos y alterar el orden público. Por estos motivos dejaron de quedar cubiertas por el derecho a la información y la libertad de prensa.

Estas revistas no estaban al alcance de los bolsillos de las clases bajas, pero se democratizaron exhibiéndose en el escaparate de la célebre *boutique* del vendedor de grabados Aubert, ante la que se acumulaba la gente.[5] Alguna viñeta en *La Caricature* recoge precisamente a un nutrido grupo de transeúntes mirando el último dibujo del rey en un ventanal. Son los tiempos gloriosos de la caricatura, con Hogarth, Rowlandson y Gillray en Inglaterra, y Grandville, Gavarni y el gran Daumier en Francia.

La represión llevó a este último a la cárcel por su celebérrima caricatura de Luis Felipe I como un Gargantúa devorador. La sentencia subrayó que las imágenes insultantes, a diferencia de las palabras, eran comprensibles para todo el mundo, analfabetos y alfabetizados por igual.[6] En otro juicio por las caricaturas del rey como una pera, el editor Philippon se defendió escenificando «una especie de análisis a cámara lenta del proceso de caricaturización».[7] Dibujó la deformación en cuatro fases del rostro del rey hasta la famosa pera: cuál de las equivalencias merece la condena, se preguntaba retóricamente la revista. Un estímulo de los caricaturistas es que pueden repetir la burla con motivo del juicio, pues están obligados a presentar el acto censurado para defenderlo. Esta automartiriografía de la revista redobla la apuesta y legitima ulteriormente a la caricatura. Cuando las autoridades intentan controlar penalmente el poder insurreccional de las caricaturas no hacen más que escenificar su debilidad. El poder de la burla depende de la atención que le preste el burlado, en el supuesto de que este se halle en posición de elegir cómo reaccionar, lo cual no siempre es el caso.

Pero los tiempos cambian. En el invierno de 1895 muchos lectores del *New York World* se sintieron atraídos por un punto amarillo en medio de una página que les dejó en la cabeza el perfume de una simpática broma. Joseph Pulitzer, en lucha comercial con William Randolph Hearst por la hegemonía periodística, insertó la historieta de un niño amarillo que no tardó en convertirse en una sección fija del diario.[8] El niño amarillo tuvo numerosas secuelas en la forma de tiras cómicas, *fast food* para el nuevo régimen informativo. Los dibujitos dejaron de ser cosas de niños. Mejor dicho, las cosas de niños se revelaron medios potentísimos para la comunicación de masas. Había nacido la prensa amarilla.

Las caricaturas políticas proliferan hoy en un régimen de brutal entropía. La simpática ranita Pepe, por ejemplo, apareció por primera vez en el cómic *online Boy's Club,* de Matt Furie. La viñeta que propició la viralización de la caricatura es un dibujo de Pepe diciendo «qué agradable» *(feels good man)* para describir la sensación de orinar con los pantalones bajados.[9] La rana cayó casualmente en grupos de chat y ahí se extendió como un signo que expresaba indiferencia y pasotismo. Usuarios de grupos marginales la travistieron de cualquier cosa hasta que se puso de moda usarla para mostrar apoyo a causas racistas y xenófobas. Ahí ya se consolidó como *meme.*

La rana no es una palabra, no es un eslogan, no es una expresión, es un significante vacío en el que cada cual puede meter lo que prefiera, prestándose así a una operación populista. Centenares de miles de tipos encerrados en sus habitaciones, *coleguis* solitarios y abandonados por el sistema que encuentran redes de solidaridad en el humor sin esperanza ni utopía protagonizado por personajes tan pringados como ellos, usan estas formas simplificadas y mutantes en una comunicación irónica que circula sin agentes a los que responsabilizar.[10]

Los mensajes se acumulan en lo que se ha dado en llamar una «esfera antipública» donde no se respetan las reglas de la conversación civil, un espacio comunicativo de sobreentendidos y malentendidos sin palabras ni mensajes.[11] Basta que se dé cierto consenso vago en torno a una imagen hasta convertirla en un *meme,* cuyo poder evocativo hará las veces del contenido proposicional que eventualmente pudiera tener esa imagen. La caricatura o el dibujito fácilmente reproducibles y reconocibles pueden crear comunidad. Que las elecciones a presidente de Estados Unidos en 2016 estuvieran

en parte condicionadas por el efecto de la rana Pepe
nos da la medida de lo lejos que está la democracia
de su ideal deliberativo. La comunicación política ha
dejado de ser verbal. El crepúsculo de la libertad de expresión se intuye tras tantos símbolos vacíos que cada
cual rellena con lo que le viene en gana. La libertad de
expresión no está pensada para esto, pero puede ser es-
grimida para justificar a quien así la usa. *Feels good man.*

NOTAS

1   Cit. en R.J. Goldstein, *Political Censorship of the Arts and the
Press in Nineteenth-Century,* Nueva York, Palgrave Macmillan
UK, 1989, pp. 72-73.

2   *Le Moniteur universel,* 30 de agosto de 1835.

3   Cit. en R.J. Goldstein, «Fighting French Censorship», *The
French Review* 71(5), 1998, p. 786.

4   Véase el capítulo 4 del magnífico libro de L. Puelles Romero, *Honoré Daumier. La risa republicana,* Madrid, Abada, 2014,
en donde se cita un artículo publicado en *Le Charivari* bajo el
título: «Todos los franceses son iguales ante el ridículo»: «Desde
que las leyes de septiembre sometieron el dibujo a la censura,
hemos puesto toda nuestra aplicación en compensar las pérdidas
de la caricatura política con la extensión que hemos dado a la
caricatura de género» (p. 165).

5   *Ibid.,* p. 117.

6   E.C. Childs, «Daumier, Gargantua, and the Censorship of
Political Caricature», *Art Journal* 51(1), 1992, pp. 26-37. El acceso
universal al contenido de los dibujos es también propio del grafiti: «Escribir grafiti tal vez sea el modo más honesto en el que
puedes ser un artista. No necesitas dinero para hacerlo, no nece-

sitas una educación para entenderlo, y no hay que pagar entrada», dice Banksy. Cit. en C. Diehl, *Banksy Completed,* Cambridge, The MIT Press, 2021, p. 63.

7 E. H. Gombrich, *Arte e Ilusión. Estudio sobre la psicología de la representación pictórica,* Nueva York, Phaidon, 2002, p. 291.

8 C. Waugh, *The Comics,* Nueva York: Macmillan, 1947; F. Sáez de Adana, *Una historia del cómic norteamericano,* Madrid, Catarata, 2021, pp. 18ss.

9 Según la solapa de la traducción castellana es un libro «especialmente recomendado para […] los fans de las comedias porreras y el humor más bestia». M. Furie, *Coleguis,* Barcelona, Apa Apa Còmics, 2018. Sobre las vicisitudes de la rana Pepe, véase el documental de Arthur Jones, *Feels Good Man* (2020).

10 S. Wark y M. Wark, «Circulation and Its Discontents», en A. Bown y D. Bristow (eds.), *Post Memes: Seizing the Memes of Production,* Santa Barbara, Punctum Books, 2019, pp. 293-318.

11 Cf. M. Davis, «The online anti-public sphere», *European Journal of Cultural Studies* 24(1), 2020, pp. 143-159.

LA DEFORMIDAD PERFECTA

Según Baudelaire, en la caricatura se le «presenta al hombre su propia fealdad moral y física».[1] La risa que provoca no merece el desprecio, no es hija de la ignorancia o de la debilidad, no es locura. La sonrisa o la carcajada nacen de la naturaleza doble de la caricatura: «el dibujo y la idea, el dibujo violento, la idea mordaz y velada».[2]

El dibujo manifiesta una idea que permanece medio oculta, porque es una idea violenta y, como tal, incomprensible para la mirada ingenua, no apta para niños o ángeles. El ser inocente ve la caricatura como un dibujo enigmático, del que intuye la idea que esconde y connota al mismo tiempo; hay algo que no entiende y que percibe como escándalo y miedo. Los libros para niños solo usan caricaturas para acentuar rasgos, desposeyendo al dibujo de la doblez adulta, suavizándolo para hacerlo comprensible y plano, o para indicar con un par de embrutecedores trazos la maldad de un personaje.

Para poder reír de la idea que contiene la caricatura uno mismo ha de tener ya la fealdad o la deformación moral en sí. Madurar es aprender a gozar de lo feo. «Lo cómico es uno de los más claros signos satánicos del hombre».[3]

El historiador del arte Ernst Gombrich y uno de sus maestros de juventud, el psicoanalista Ernst Kris, tenían bien presente el libro de Baudelaire cuando organizaron, en el año 1936 en Viena, una exposición sobre Honoré Daumier. Ambos estudiosos escribían entonces un libro sobre la caricatura que no llegó a ver la luz en su forma original.[4] En él ponderaban la caricatura desde el punto de vista artístico y técnico, enfatizando las operaciones psicológicas y perceptivas que le son propias. En la caricatura veían exacerbado el poder mágico de la imagen, el cual tiene repercusiones políticas cuando la maestría técnica degenera en propaganda y publicidad. La caricatura es «más directa» en la comunicación, puede influenciar a más personas, es un medio fenomenal para fijar estereotipos, «una de las más temidas armas sociales, desenmascarando las pretensiones y matándolas al tiempo que las ridiculiza».[5]

Esta técnica de representación se halla también realizada a gran nivel en los dibujos animados de Disney, que cuentan con «la disposición del público a aceptar lo grotesco y lo simplificado, en parte porque su falta de elaboración garantiza la ausencia de indicios contradictorio».[6] Una de las propiedades destacadas de la caricatura es, pues, su fácil percepción, que, como escribió el inventor de las tiras cómicas, el suizo Rodolphe Töpffer, en un tratado sobre fisonomía de mediados del siglo XIX, permite influenciar a más amplias franjas de población resultando un instrumento óptimo para la educación moral de los ciudadanos.[7] El propio Töpffer lamentaba no haber usado él también sus viñetas para mejorar moralmente al público, un tema que recuerda la preocupación de su compatriota Rousseau sobre los espectáculos públicos en la *Carta a d'Alembert*.

Gombrich destaca la radical simplificación de lo representado para que el contemplador, sea quien sea, pueda comprenderlo. Si la caricatura tiene éxito, logra «ofrecer de una fisonomía una interpretación que nunca podremos olvidar y que la víctima parecerá acarrear siempre, como un embrujado».[8]

Del amplio abanico de emociones disponible para la caricatura quedan excluidos los rasgos nobles propios del retrato clásico. El viñetista puede permitirse licencias humorísticas para experimentar «hasta un punto vedado al artista serio».[9] La caricatura tiende a instalarse más allá de lo decoroso.[10]

Según ambos vieneses, con Daumier «la innovación constante y progresiva de la caricatura había finalizado». En la Viena de los años 30, Gombrich y Kris asisten a la transformación brutal de la caricatura en instrumento para la «manipulación propagandista del pensamiento y de las imágenes».[11]

El arte pictórico [...] puede dar realidad visual a los deseos de las masas. Puede mostrar al oponente amenazante humillado, vencido, ridiculizado, colgado en la horca o torturado en el infierno. La persistente popularidad de este artilugio entre los estratos más robustos de la sociedad exige una explicación psicológica: pintar al oponente en el patíbulo no está muy lejos de colgar su efigie, y esto a su vez es una expresión inconsciente de la creencia mágica que el daño hecho al muñeco tendrá un efecto en el adversario odiado. Más tarde a esta gratificación primitiva el arte ha añadido el placer más sutil de ver al enemigo distorsionado y epitomizado en el espejo mágico de la caricatura.[12]

Enfatizan Gombrich y Kris este poder mágico de la caricatura para herir. La víctima no experimenta «su caricatura como un juego inocente de transformación de rasgos». Si es acertada, la caricatura lesiona, altera el modo en que se percibe a la víctima. Es una forma de representación que logra unir la burla, el desenmascaramiento y la transformación de la persona caricaturizada.[13]

Tras la breve época dorada de las caricaturas, las viñetas mordaces se instalaron en la naciente prensa comercial, como una mancha de amarillo chillón entre la aridez de severas palabras sobre dinero y justicia.[14] Lo bajo, lo feo, lo ajeno hacen un buen servicio a la propaganda. Judíos como insectos en Alemania, borrachos como monstruos en la Unión Soviética. Las propagandas del horror experimentaron despiadadamente con la negatividad de la caricatura. Al normalizarse su uso se convierte en la crispada gramática de una conversación pública polarizada. Cada quien tiene de su adversario una imagen perfectamente deforme.

1 C. Baudelaire, *Lo cómico y la caricatura,* Madrid, Visor, 1989, p. 16. Hay un aire de familia aquí con la definición que da Aristóteles de lo cómico: «La comedia es [...] imitación de hombres inferiores, pero no en toda la extensión del vicio sino que lo risible es parte de lo feo. Pues lo risible es un defecto o fealdad que no causa dolor ni ruina» (Aristóteles, *Poética,* Madrid, Gredos, 1974, 1449a35).

2 C. Baudelaire, *Lo cómico y la caricatura, op. cit.,* p. 22.

3 *Ibid.,* p. 23.

4 En los archivos de Gombrich se conserva un manuscrito. Un resumen de algunas ideas del libro que nunca acabaron se halla aquí: E.H. Gombrich y E. Kris, «The Principles of Caricature», *British Journal of Medical Psychology* 17, 1938, pp. 319-342. En 1940 Gombrich publicó un libro sobre la caricatura atribuido también a Kris que sin embargo no lo revisó: *Caricature,* Harmondsworth, Penguin, 1940.

5 *Ibid.*

6 E.H. Gombrich, *Arte e ilusión, op. cit.,* p. 284.

7 Cit. en *ibid.,* p. 286.

8 *Ibid.,* p. 291.

9 *Ibid.,* p. 296.

10 «Es en los márgenes del decoro donde cabe dedicarse, con afán más lúdico que de exigencia profesional, a explorar territorios de libertad plástica de enorme potencia artística y estética». L. Puelles Romero, *Honoré Daumier, op. cit.,* p. 33.

11 E.H. Gombrich y E. Kris, «The Principles of Caricature», *op. cit.* «La propaganda nacionalista, antisemita y violenta del siglo XX no representaba para ellos el último estadio en el desarrollo de la caricatura, sino su colapso, un alejamiento de su lógica esencial, una burda corrupción y un peligroso abuso. [...] Para ellos la caricatura, en su sentido más verdadero, era antipropa-

ganda» (L. Rose, *Psychology, Art, and Antifascism. Ernst Kris, E. H. Gombrich, and the Politics of Caricature,* Yale, Yale University Press, 2016, pp. 10-11). Intepretaciones discrepantes sobre la crítica de Gombrich a la propaganda se encuentran en S. Krüger, *Das Unbehagen in der Karikatur. Kunst, Propaganda und persuasive Kommunikation im Theoriewerk Ernst Kris',* Leyden, Brill, 2011, pp. 255-283; S. Moser-Ernst y U. Marinelli, «Geschichte des Karikaturprojektes Kris / Gombrich. Antworten und offene Fragen», en N. Grüne y C. Oberhauser (eds.), *Jenseits des Illustrativen. Visuelle Medien und Strategien politischer Kommunikation,* Gotinga, V&R unipress, 2015.

12   E.H. Gombrich, «Art and Propaganda», *The Listener,* 7 de diciembre de 1939, pp. 1118-1120.

13   E.H. Gombrich y E. Kris, «The Principles of Caricature», *op. cit.*

14   C.M. Uidhir, «Epistemic Misuse and Abuse of Pictorial Caricature», *American Philosophical Quarterly* 50(2), 2013.

Muchos industriosos investigadores en Inglaterra y en Francia han subido por la corriente del tiempo hasta la fuente del movimiento moderno de la sátira pictórica. La corriente del tiempo es en este caso la corriente del periodismo, porque la caricatura social y política, como la ha practicado este siglo, no es más que periodismo doblemente vívido. [...] El periodismo es la crítica del momento *en* el momento y la caricatura es esa crítica simplificada e intensificada por una forma plástica.[1]

Henry James identifica la época dorada de la caricatura con el auge de la prensa, plataforma ideal para el despliegue de las viñetas. La caricatura lleva un paso más allá la simplificación de la prensa cuando esta se orienta a la vida comercial y se masifica. No es, sin embargo, una simplificación libre de connotaciones políticas y estéticas. La caricatura solo se da en sociedades lo bastante viejas como para poder criticarse a sí mismas, afirma James. En una democracia pura, sostiene, no habría autosátira, no se acentuarían las divisiones sociales.

Para el liberalismo político, el orden no es tan importante como la libertad, lo cual en cierto modo lo hace compatible con la democracia en la medida en que esta forma de gobierno y de vida busca sacar el máximo provecho de la cacofonía social o, mejor dicho, la toma como un mal menor inevitable. Esta libertad puede ser utilizada con la finalidad que cada cual considere mejor. Las caricaturas políticas la usan para provocar una sonrisa en sus lectores aprovechándose de la transparencia de sus mensajes transportados por el embrujo comunicativo de la imagen. Las mejores caricaturas logran transmitir una idea sin que el receptor tenga que hacer un gran esfuerzo cognitivo, causando una sonrisa automática, un acto de comprensión que atenúa la facultad crítica, pues lo que se comunica ni es un argumento ni una frase verificable o falsificable, es más bien algo así como una afirmación incontrovertible y vaga al mismo tiempo, un chiste que funciona: «la pulcritud de su formulación puede incluso bloquear efectivamente nuestra reflexión sobre si contiene o no la verdad y nada más que la verdad».[2]

A título de ejemplo, consideremos la viñeta con la que el periódico *Jyllands Posten* acompañó en 2019 un artículo de opinión sobre la desintegración de Europa a causa de la «invasión» de los inmigrantes: una precaria barca repleta de africanos que en su extremo se convierte en una boca de dientes afilados a punto de engullir el continente europeo, siendo no ya una barca, sino una fiera lo que conduce a los inmigrantes hacia Europa. ¿Qué dice la viñeta? No parece útil plantear la pregunta en estos términos, más bien hay que preguntarse «¿qué hace la viñeta?». No designa, acusa con una broma. Los inmigrantes devorarán el continente, no son débiles, no son pobres personas desamparadas que escapan de una guerra, son peligrosos. En el supuesto de que con esa viñeta se esté transmitiendo un mensaje, tal mensaje es sin duda una aportación razonable y valiosa al debate social, de hecho, bastante más valiosa que el artículo que la acompaña el cual solo contiene peticiones de principio y xenofobia disfrazada de sentido común. Esta peligrosa amistad entre la ilustración y el texto de opinión crea el paradójico efecto de que la primera mejora la intención comunicativa del segundo, haciéndolo aparecer (sin que sea necesario que el lector se tome la molestia de leerlo) como una aportación racional y razonable a favor de lo que suelen sostener los partidos europeos (de la Europa geográfica, que no moral) de ultraderecha. La ilustración prestigia la idea, le da difusión, normaliza una actitud de desprecio, instiga miedo.

Y eso que no es tan explícita como la que apareció en el *Daily Mail* en 2015: bajo el rótulo que anuncia las fronteras abiertas de Europa, aparecen las siluetas de un grupo de inmigrantes con símbolos propios del islam que cruza la frontera, algunos de ellos con armas, acompañados de un grupo de ratas, adoptando una analogía habitual en la propaganda nacionalsocialista. Hay que detenerse a interpretar en concreto el dibujo, porque lo que Mac, el caricaturista británico, podría estar diciendo es que entre los inmigrantes se cuelan también los terroristas, los cuales merecerían el calificativo de ratas, de seres despreciables que se autoexcluyen de la comunidad. ¿Pero acaso no está insinuando que son inmigrantes y que la inmigración es el problema? ¿No hay maneras más civilizadas de decir las cosas? ¿O acaso el viñetista es un intérprete privilegiado de la realidad que tiene la potestad para decir —sin decirlas, mostrándolas— las cosas como son?

¿Es bueno para la democracia que proliferen este tipo de viñetas y que se difundan a través de medios de comunicación generalistas? El límite entre lo que muchos consideran intolerable, un insulto, un despropósito, una pérdida de decencia, un peligro para la supervivencia de los principios normativos sobre los que se basa la civilización, y lo que sería la manifestación legítima de una opinión contundente y radical, es él mismo objeto de discusión. Mientras que en ocasiones la sociedad avanza desplazándolo cada vez un poco más allá, incluyendo cosas risibles que hasta entonces no podían ser ridiculizadas, también se considera progreso social que algunos temas sociales relevantes sean tratados con solemnidad, con respeto, o que no sean tratados en absoluto, silenciados para evitar que se los pisotee impunemente.

La viñeta puede ser cualquier cosa. Puede abarcar los sentimientos más dispares, la ternura, la indignación moral, el odio, el estupor. Lo hace sin apenas esfuerzo. Es tan efectiva que nadie se resiste a su uso. Para evitar que arrase con todo, hay que cuestionar la libertad de quien la crea, distribuye, promueve. ¿Qué tan libre es esa creación? ¿Existe la libertad de amenazar con un dibujo? ¿Al servicio de quién se pone quien así ejerce su libertad? ¿Merecen un lugar junto a Daumier los viñetistas serviles?

NOTAS

1   H. James, *Picture and Text,* Nueva York, Harper & Collins,
1893.
2   E. Gombrich, «The Cartoonist's Armory», en *Meditations on
a Hobby Horse,* Oxford, Phaidon, 1963, p. 131.

LA CULTURA DE LA CARICATURA

Los regímenes liberales protegen e incentivan el libre intercambio de opiniones y de información porque sin él no hay democracia digna de ese nombre. Los medios de comunicación deben garantizar la transparencia de las decisiones políticas, llevar a los responsables a rendir cuentas, canalizar las opiniones más relevantes e informadas, y construir una conversación pública civil. No está claro que la prensa haya estado nunca a la altura de este ambicioso ideal, pero en sus mejores momentos se mide con él. Lo normal es que sea difícil identificar en el funcionamiento de la prensa, tal y como es, la satisfacción de estas altísimas pretensiones democráticas. El problema no es reciente. El filósofo R.G. Collingwood narra el cambio en el ecosistema informativo británico a finales del siglo XIX:

El objetivo principal de los periódicos del periodo victoriano era ofrecer a sus lectores información completa y adecuada sobre asuntos de interés público. Entonces llegó el *Daily Mail*, el primer periódico para el que la palabra «noticias» había perdido su viejo significado de hechos que el lector debía conocer para votar de manera inteligente, adquiriendo el nuevo sentido de hechos, o ficciones, cuya lectura podría entretenerle *(amuse).* Leyendo un periódico así no estaba aprendiendo a votar. Estaba aprendiendo a no votar, a pensar en «las noticias» no como la situación en la que tenía que actuar, sino como mero espectáculo para momentos de ocio *(idle moments).*[1]

Uno de los instrumentos para hacer más placentera la lectura de periódicos, para que produzca *amusement,* es la caricatura, que, entendida tanto en sentido literal como metafórico, se ha elevado a categoría preferencial en la comunicación. Mediante la caricatura se alcanza este fin: reducción de la complejidad de un rostro o de una situación a un solo rasgo que deformado y exagerado representa la totalidad de ese rostro o situación. La caricatura es un atajo comunicativo: quien la percibe comprende algo sin necesidad de reflexionar. Su funcionamiento es metonímico: eleva la parte a representante del todo, radicaliza un elemento de un rostro para dar cuenta de él y también de lo que hay detrás de él, del alma, de la naturaleza última de esa persona o grupo de personas. La caricatura quiere llegar más allá y comunicar más directamente. La belleza no es ni su fin ni su medio, tan solo requiere algo de pericia técnica y ganas de fealdad.

Las caricaturas políticas sirven para aligerar la lectura y pretenden ilustrar en tono de broma un asunto candente. Su lectura es veloz, provocando una reacción inmediata del lector que no tiene que hacer ningún esfuerzo para comprenderlas a pesar de que, si se le pidiera que trasladara a un lenguaje verbal, no pictórico, lo que cree haber comprendido, tendría dificultades para hacerlo, pues es tan clara y rápida como imposible de ser contenida por una descripción estrictamente lingüística.

Al cruzar la mirada con una ingeniosa viñeta en la página de opinión del periódico, el lector encuentra un momento de solaz, su cerebro hace ágiles conexiones, de repente *comprende,* aunque no sabe lo que comprende, y se dibuja en su rostro una sonrisa o incluso una risita. Esto puede ser considerado, si no un paradigma, sí un fenómeno frecuente de la comunicación. En la era de la caricatura las ideas se presentan casi siempre sin matices, simplificando y vilificando a las que se quiere combatir o a las que el opinionista se opone, presentándolas en su versión más grosera, sin atender al fondo del debate, acentuando las aristas que permiten el lucimiento del plumilla, ahorrándole el trabajo de reproducir con un mínimo de fidelidad aquello a lo que se opone. Es una técnica que sirve solo para los que ya están convencidos, para reafirmar las propias ideítas y poder después echarse unas risas ante semejante alarde de ingenio. Algunos columnistas han asimilado este pensamiento caricaturesco de tal modo que se han pasado a la caricatura pura y dura, ilustrando sus ideas con chistes y viñetas poco elaboradas, compendio de lo que serían sus pensamientos si los tuvieran.

También los debates públicos siguen, por lo general, técnicas de caricaturización que degradan tanto a quien las usa como a quien es objeto de ellas. Lo deforme y exagerado se impone. El peatón levanta la mirada y topa con fachadas enteras cubiertas con fotos estridentes de adultos infantilizados. En el teléfono se suceden cortocircuitos cognitivos. Las risas del usuario, sus endorfinas, son el botín. La industria audiovisual trabaja para captar la atención y el usuario se la regala y además paga. Señores, un poco de seriedad.

NOTAS

1   R.G. Collingwood, *An Autobiography and Other Writings*, Oxford, Oxford University Press, 2013, p. 155.

TERMINUS

Se ríe demasiado y mal. Innumerables palabras, mensajes e *inputs* tecnológicamente mediados, bien empaquetados, editados y resumidos provocan risas irreflexivas, como quien traga sin masticar. Las imágenes más hilarantes e indignantes prevalecen. Noticieros enteros son un pellizco de sal que se disuelve en un gigante perol de guasas. La burla arrambla con todo, basta que haga gracia. Las carcajadas que a todas horas se emiten por las redes, que nos interpelan desde infinidad de emoticonos, que acompañan incluso a políticos y mandamases, son una forma de orden que ayuda a sobrellevar el desconcierto de la vida cotidiana. Qué duda cabe de que la precariedad se soporta mejor con sentido del humor. Pero cuando de todas partes resuenan risitas nerviosas y apremiantes, quien ríe deja de saber por qué lo hace. Una expresión tan potente a caballo del mordaz medio de la caricatura galopa a la velocidad de la luz de una pantalla a la otra con unos objetivos que poco tenían en mente quienes celebraron la libertad casi irrestricta de manifestar el pensamiento en público. Pues la risa es expresión.

En la internet sin fronteras y sin otro control que el del beneficio económico, es vano poner puertas al campo: cualquier mensaje puede llegar instantáneamente adonde sea, cualquier aleteo de la mariposa es un mal en potencia. Mentiras y chorradas circulan sin control y sus emisores ejercen con maleficencia esta libertad, están en su derecho y además tienen los medios para hacerlo. John Stuart Mill, adalid de la libertad de expresión, afirmó que debía permitirse la manifestación de falsedades, pero esperaba que los emisores fueran honestos y no jugaran sucio, que se atuvieran, en fin, a la moralidad de la discusión pública. Mill imagina esta discusión entre personas que discrepan sobre asuntos importantes —a veces de la mayor importancia— como un partido de tenis entre *sportsmen*. Las falsedades no serían entonces mentiras, sino errores. Algunas conversaciones son así y muchas otras no son ni siquiera conversaciones, son más bien intercambios de ideas e imágenes muy fáciles de entender para quien está habituado a la dieta cacofónica que lo alimenta a través del *smartphone*. Puesto que el ciudadano estresado y vulnerable vive su situación cuando menos con nerviosismo y flaqueza de ánimo, sucumbe agradecido al poder relajante de la risa. Celebra las oportunidades de jovialidad compartida a lo largo de la jornada y las seguirá buscando cuando se recluya con sus múltiples monitores, porque, por lo general, nunca se ríe solo, eso sería cosa de idiotas, dementes o drogados. Encontrará esas ocasiones aun si no las busca, cortocircuitos y atajos para aflojar las neuronas, caricaturas feas que le ayuden a reír despreciando y otras solo contrahechas para pitorrearse de la naturaleza humana en general.

Así las cosas, uno querría una ciudad de risas libres, felices y amorosas, en donde se alentaran solo burlas y chistes de los que todas las personas pudiesen reír, incluso si fueran ellas las ridiculizadas. Una risa horizontal que no excluyera a nadie: todos reirían y todos serían objeto de risa alternativamente, como decía Aristóteles que debían hacer los ciudadanos, gobernar y ser gobernados por turnos, y por turnos reír y ser el hazmerreír. Pero de la horizontalidad no se seguiría la arbitrariedad: los ciudadanos que ríen republicanamente a veces deciden no reír para no deshonrar al otro ni a sí mismos, o deciden reír hacia arriba, como hacía Daumier, imaginando las carcajadas de la gente como puñetazos al vientre del monarca.

Estas francas risas democráticas son actos conscientes, encuentros reales entre personas que se conocen y que riendo juntas profundizan su conocimiento, se acercan unas a otras un poco más. En cambio, las risas industriales o virales son inconscientes, actos reflejos adquiridos, claudicación de la razón, pornografía para todos los públicos. Es habitual que en las estaciones de metro las pantallas emitan escenas de personas que se caen. Mientras se espera la llegada del convoy, el trabajador y la trabajadora, con el calor de las sábanas aún pegado en la cara, cuenta con el apoyo inestimable de las instituciones que lo entretienen ofreciéndole el gozoso espectáculo del mal ajeno. Puede también desairar a los poderosos por caricatura interpuesta emitiendo una risa sardónica y deprimente, una risa que ni cambia ni mucho menos revoluciona nada. Estas risas programadas mantienen el *statu quo* al tiempo que aparentan subvertirlo. Todas ellas juegan con el límite, como hacen los comediantes de moda. El archifamoso

Ricky Gervais, uno de los presuntamente más radicales, pasea por el confín de lo que no se puede decir dándoselas de corajudo, de oráculo de la verdad. Sin embargo, lo que ahí sucede es mera técnica humorística; la transgresión sirve solo a las finalidades del espectáculo, no transforma, es solo un cómico que se pone a sí mismo en ridículo para hacer reír. Tras las risas no queda nada más que el inofensivo perfume de una burla que durante unos minutos parecía intolerablemente ofensiva.

Por todas partes, demasiadas risas programadas, enlatadas, insistentes, risas-soma. Lo que a unos hace reír a otros los indignará, pero cada cual encontrará un canal para administrarse su dosis de hilaridad. Las carcajadas no son fiables, no podemos saber qué sentido tienen, ni si contribuyen o detienen cambios sociales justos, ni si unen más que separan o separan más que unen. De ahí que, servidas en grandes porciones, puedan alimentar a todos por igual, cual música de fondo para todas las ideologías.

Asomémonos, ya para acabar, a un capítulo crucial en el desenlace de la historia de Pinocho (cap. XXXII). Al despertar, contempla en el agua de la pila «su imagen adornada por un magnífico par de orejas de asno», y rompe a llorar. Su vecina, «una bella Marmotina», oye los sollozos y lo sacude, diciéndole cual voz de la conciencia:

> Está escrito en los decretos de sabiduría que todos los niños perezosos que, aburridos de los libros, las escuelas y los maestros, se pasan los días retozando,

jugando y divirtiéndose, más pronto o más tarde acabarán transformados en muchos pequeños asnos.

Al oír tal terrible predicción Pinocho va a cantarle las cuarenta a Lucignolo, el «falso amigo» que lo ha perdido. Con un gran sombrero se planta ante la casa del compañero de diabluras hasta que el otro, tras mucho dudar, abre la puerta. En una escena de comedia deliciosa, el títere y el niño acaban descubriéndose la cabeza a la de tres y estallan a reír al ver las orejas del otro. «Y rieron, rieron, rieron». Y su risa solo se interrumpe porque les crecen las patas delanteras y ya no se tienen en pie —está a punto de culminar la metamorfosis—, únicamente falta la cola, «el momento más feo y humillante». Rompen entonces a llorar, pero no pueden, porque ya solo son capaces de rebuznar.

La bestial transformación es la cereza final de este libro leído como una fábula sobre los beneficios de la educación. Sentimos compasión por alguien como Pinocho, uno con graves dificultades para adaptarse al sistema y que será castigado múltiples veces hasta la transfiguración final. Las orejas y la posterior y completa metamorfosis en un asno son la recompensa merecida tras su breve e intensísima vida de trastadas. La imagen del niño-asno, del que no sirve para nada y debe ser descartado, está tan arraigada que, a pesar de su brutalidad, resulta coherente: el resultado lógico de un comportamiento inadecuado.

Manganelli escribe sobre la escena:

Y al poco no pueden elegir no reír, la risa forma parte de la enfermedad, los agrede y depreda; han sido atrapados por la risa golosa y enloquecida del lenguaje que explota en ellos, los degusta antes de deglutirlos. La risa los actúa: es síntoma; crece, sucia, despiadada, porque la metáfora es chistosa, vil y feroz; prefigura su inminente rebuzno de burro.[1]

El último gesto humano antes de su conversión total en asnos es una risa incontenible que los desposee de agencia. Esta risa que deglute al reidor nos hace de espejo, como el lavamanos en el que Pinocho descubre sus monstruosas orejas. Tenemos la opción de seguir riendo despreocupadamente, pues eso es la risa, despreocupación y ligereza porque sí. Podemos también buscar en imaginadas y serenas risas orientales alternativas a las risas electrónicamente masificadas. Existe al fin la posibilidad de *reír bien* en casa, con los amigos, y llevar una cara de palo por la calle. Alternativas drásticas que causan más risa que otra cosa. ¿Quién ríe entonces? Lucignolo y Pinocho ríen, y tú también, querida lectora, querido lector.

El aguafiestas pone palos en las ruedas de la risa. Si te detienes a pensar dónde, cómo, cuándo, con quién y por qué ríes, el objetivo de este libro se habrá cumplido.

NOTAS

1   G. Manganelli, *Pinocchio: un libro parallelo,* Milán, Adelphi, 1977, p. 172. Cit. en *Le avventure di Pinocchio, op. cit.*, p. 269, n 6.

AGRADECIMIENTOS

Al rostro luminoso de Maria; a Eloi que dice que me río cuando no me río; a Alma que tolera que me ría de lo que no debo.

A mi hermano mayor, Jordi, por haber escondido no tan bien los ejemplares de *El víbora*, *Cimoc*, *Metal Hurlant*, *Cairo*, etc., que animaron el panorama cultural de la Barcelona de la transición y que me catapultaron precozmente al *underground* y el descreimiento que son, a fin de cuentas, actitudes filosóficas.

A mi padre y Lolita, por ser siempre un sostén.

A los amigos Oriol Anguera, Camilo Arancibia, Chiara Cappuccio, Jaume Casals, Javier F. Catalán, Oriol Farrés, Ester Feriche, Gianluca Genovese, Toni Güell, Rubén Llopis, Jorge Luengo, Alicia Marsans, Andreu Marull, Albert Mercadé, Giulia Mignani, Xavier Monteys, Stefania Parisi, Àngel Puyol, Enrico della Ratta Rinaldi, Daniel Rico, Mercè Rius, Marco Ruotolo, Miquel Seguró, Bernardo Valdés, Oscar Valsecchi, Santiago Zabala, Marialuisa Zecchino, que me ayudan y escuchan más de lo que creo merecer.

Muy especialmente quiero agradecer a Alessandro Ferrara su generosidad y valiosísimas oportunidades para conversar.

También, con énfasis, a Matías Sirczuk y Camil Ungureanu que, conociendo las paredes imaginarias que a veces me siento obligado a escalar, me lanzan cuerda.

Desde 2021 he presentado versiones incipientes, prematuras y parciales de este libro en varias circunstancias académicas: Università di Roma Tor Vergata, Istituto della Enciclopedia Italiana Treccani (Roma), Università del Molise (Campobasso), AgorAkademi (París), II Congreso Internacional de Derechos Humanos (Bilbao), Venice Seminar & Summer School (Venecia), Aula de Pensamiento (Pamplona), Università di Salerno. Agradezco todas y cada una de las conversaciones que he tenido en esas y otras ocasiones y en especial aquellas con Rafael Cejudo, Emma Giammattei, Maria Antonella Gliatta, Nilufer Göle, Tonnino Griffero, Augusto Guarino, Jon-Mirena Landa, Marco Mazzeo, Antonio Montinaro, Michele Della Morte, Francesca Piazza, Salvatore Di Piazza, Marco Russo, Francesca Russo, Mauro Serra, Mario Šilar, Maria Ausilia Simonelli, Andrea Soto, Adriano Vinale.

Sin una certera crítica de Gonzalo Pontón a algo que estaba mal concebido en *Las mejores palabras* no me habría puesto a escribir este libro.

A los estudiantes de la Universitat Autònoma de Barcelona que nunca serán lo bastante impertinentes.

A las bibliotecarias y a todas las personas que mantienen ordenadas, limpias, bien iluminadas y eficientes las siguientes instituciones: Biblioteca Can Coromines de Sant Pol de Mar, Biblioteca Clarà, Biblioteca Esquerra de l'Eixample-Agustí Centelles, Biblioteca Jaume Fuster, Biblioteca Sant Gervasi-Joan

Maragall, Biblioteca Nazionale Centrale di Roma, Biblioteca de Catalunya, Biblioteques d'Humanitats, de Ciències Socials, i de Comunicació de la Universitat Autònoma de Barcelona.

Y al personal de la oficina de objetos perdidos de la Estación de Atocha que recuperó la libreta en la que había esbozado la mitad de este libro.

Es cabal cerrar la acción de (dar) gracias dibujando, por así decir, una forma perfecta, una circunferencia sin principio ni fin. Por ello va aquí el nombre de quien abre este libro. A Laura.